George Gershwin

**mit Selbstzeugnissen
und Bilddokumenten
dargestellt von
Hanspeter Krellmann**

bildmono ro ro ro graphien

Rowohlt

Für Daniela und André

Dieser Band wurde eigens für «rowohlts monographien» geschrieben
Den Anhang besorgte der Autor
Herausgeber: Klaus Schröter
Mitarbeit: Uwe Naumann
Assistenz: Erika Ahlers
Schlußredaktion: K. A. Eberle
Umschlagentwurf: Werner Rebhuhn
Vorderseite: George Gershwin in Berlin, 1928
Rückseite: Sidney Poitier und Dorothy Dandridge in «Porgy and Bess», 1959
(Beide Fotos: Ullstein Bilderdienst)

Veröffentlicht im Rowohlt Taschenbuch Verlag GmbH,
Reinbek bei Hamburg, August 1988
Copyright © 1988 by Rowohlt Taschenbuch Verlag GmbH,
Reinbek bei Hamburg
Alle Rechte an dieser Ausgabe vorbehalten
Satz Times (Linotron 202)
Gesamtherstellung Clausen & Bosse, Leck
Printed in Germany
1080-ISBN 3 499 50418 9

Inhalt

George Gershwin, 1928

Vorbemerkung

«Was sowohl die Individuen wie die Völker bildet, ist
ihr Talent und ihr Charakter. Woher diese beiden
Kräfte stammen, weiß niemand; diese beiden aber einmal gegeben, ist die Umgebung, das ‹Milieu›, keineswegs gleichgültig. Auch das reichste Talent bedarf einer
Atmosphäre, aus der es schöpfen, auch der stärkste
Charakter eines Magnetfeldes, auf das er wirken kann.»

Egon Friedell

In der Musikgeschichte bildet George Gershwin einen Sonderfall. Er, der
Leichtschaffende, schwebte zwischen den Genres, pendelte zwischen den
Richtungen, fühlte sich wohl auf Zwischenplätzen, war auf vielen Feldern
heimisch und hatte als Komponist doch nur ein Ziel: sich im Lied auszu-
drücken. Liedhaft hatte alles zu sein, was er anfaßte; zum Singen, zum
Nachsingen mußte es sich am Ende eignen. Er komponierte leicht wie
Mozart und Offenbach. Melodienfülle stand ihm zu Gebote wie diesen
beiden, wie dem Liedmeister Schubert auch, wie Johann Strauß. Alles bei
ihm aber ist auf melodiöse Floskeln zu reduzieren, auf den vortrefflichen
thematischen Einfall, an dem es ihm nie gebrach. Diesem Phänomen ord-
net sich, was er komponiert hat, unter, der einzeln stehende Schlager so
gut wie die Opernarie, der Klavierblues so überzeugend wie der versiert
instrumentierte Abschnitt in einem seiner Konzertwerke. Vermeintlich
neue Kunstgriffe, neue Techniken und fremde Stilbezirke hat Gershwin
instinktiv gemieden. Sein Fortbildungsdrang allerdings schien unstillbar.
Immer hat er versucht, prominente Komponisten als Lehrer für sich zu
gewinnen.

Aber hätte ihm, dem unbezähmbaren und keineswegs korrekturbe-
dürftigen Melodiker, der scheinbare Ausweg aus Gewohnheit und Sicherheit etwas sinnvoll Neues bringen können? Was hätte ihm Schönberg,
zum Beispiel, zu vermitteln vermocht, wenn er dessen Schüler geworden
wäre? Hätten sich erworbene Neuartigkeiten technischer Art bei ihm am
Ende nicht nur als aufgesetzte Zutaten ausgenommen? War Gershwin
von Herkunft und Entwicklung her nicht viel zu sehr er selbst, war er nicht
autonom genug, um sich selbst und seiner Sache genügen zu können?
Bedeutendes in der Kunst ist stets gewachsen, nie künstlich befördert

worden. Wobei nicht in Frage steht, daß Gershwin eine spezielle Art von Kunst produziert hat und in ihr bedeutend gewesen ist.

Der Flugsand-Situation, von der der französische Schriftsteller Claude Simon gesagt hat, daß sie immer dann gegeben sei, wenn man sich als Künstler vorwärts bewege, hat George Gershwin sich ausgesetzt. Er war in diesem Sinn kein Neuerer und schon gar kein Experimentator im komponierfähigen Material, kein Fortschrittsmusiker. Seine Songs waren einprägsam und so gut wie die Irving Berlins und Jerome Kerns, denen er nachstrebte, aber sie waren nicht anders, nicht neuartiger. Dennoch ist Gershwins Nachruhm – im Gegensatz zu dem Berlins oder Kerns – sprichwörtlich geworden. Er wurde der verwöhnte Broadway-Liebling. Er wollte jedoch darüber hinaus die Konzertstätten für klassische Musik erobern, was ihm für Einzelfälle auch gelungen ist. Am Ende bleibt zu fragen: was oder wer war dieser George Gershwin? Welches Bild seiner Persönlichkeit ergibt sich aus mannigfachen Facetten? Wo stand er? Welche Position nimmt er ein zwischen Musical, klassischem Konzertwerk, Schlager und Oper?

Russische Juden in New York,
der Junge George und die Tin Pan Alley

George Gershwin war ein Kind seiner Zeit und der Umstände, aus denen er herauswuchs. Seine Biographie beginnt mit der seiner Vorväter, die russische Juden waren. Sein Großvater Yakov Gershovitz war als freier Bürger in der Nähe von St. Petersburg ansässig. Um außerhalb des Gettos leben zu können, hatte der Rabbiner-Sohn sich schon als Zehnjähriger zu einem fünfundzwanzigjährigen Dienst in der zaristischen Armee verpflichtet, als Techniker bei der Artillerie. Dies gab ihm das Privileg und den Status eines Bürgers, der sich im ganzen Land frei bewegen durfte. Solche Vorrechte kamen auch seiner Familie zugute, allerdings nicht auf Dauer. Morris Gershovitz, dem Sohn Yakovs, drohte dieselbe fünfundzwanzigjährige Dienstverpflichtung um den Preis bürgerlicher Freiheit. Um dem zu entgehen, beschloß er auszuwandern.

Die Vereinigten Staaten von Amerika bedeuteten Ende des 19. Jahrhunderts ein Land der Verheißungen. In den letzten zwei Jahrzehnten vor der Jahrhundertwende bis zum Beginn des Ersten Weltkriegs strömten allein rund zwei Millionen russische Juden ins Land. Verständliche Verlockungen waren eine allgemeine Freiheit, das Fehlen jeglicher offizieller Rassendiskriminierung nach Lincolns Aufhebung der Rassengesetze, das Entstehen einer neuen bürgerlichen Gesellschaft. Diese Vorteile des amerikanischen Staatengebildes waren auch Morris Gershovitz nicht unbekannt geblieben. Außerdem hatte er sich in das Mädchen Rose Bruskin, eine junge Schönheit, wie Bilder zeigen, verliebt. Da die Bruskins 1891 ebenfalls in die USA emigriert waren, gab es für Morris Gershovitz einen doppelten Grund, das zaristische Rußland zu verlassen: die Liebe und der Militärdienst.

Der abenteuerliche Einstieg des jungen Gershovitz in Amerika ist viel und gleichlautend beschrieben worden. Sein Anlaufpunkt in den Staaten war der Schneider Greenstein in New York, ein Bruder seiner Mutter. Dessen Adresse hatte er im Innenfutter seines Huts verwahrt, der von einem Windstoß weggewirbelt wurde, als sich Morris bei der Ankunft des Schiffs in New York zu weit über die Reling beugte. Das entmutigte ihn indes nicht. Er mietete sich in der Bowery ein Zimmer, gewann ein paar Cents in einem Spielsalon und begab sich am nächsten Morgen auf die systematische Suche nach seinem Onkel. Selbstverständlich sprach er kein

Wort Englisch. Aber im polyglotten Einwandererparadies New York kam er mit Jiddisch und Russisch leicht weiter. Man verwies ihn an ein Einwandererzentrum in Brooklyn, wo er nach einigen Stunden gezielten Herumfragens den Schneider Greenstein tatsächlich ausfindig machte.

Die Anfänge von Morris Gershovitz in New York können nur schwierig gewesen sein; sein künftiges Dasein sollte es bleiben. Er galt als schrullig und arm, sein Leben in den folgenden Jahren mit der größer werdenden Familie war von Zufällen, ja von Abenteuerei bestimmt. Am 21. Juli 1895 heiratete Morris Gershovitz Rose Bruskin, eine Kürschners-Tochter, in einer Synagoge auf der East Side. In den folgenden elf Jahren, in denen die vier Kinder geboren wurden, war Morris, wie Ira Gershwin später berichtet hat, in nicht weniger als 28 Berufen tätig. Er, der offenbar nichts gelernt hatte, arbeitete für 35 Dollar die Woche als Aufseher in einer Fabrik für Zubehör von Damenschuhen, als Betreiber, Mitarbeiter oder wie immer in Restaurants, russischen und türkischen Bädern, Bäckereien, Tabakläden, Spielsalons und ganze drei Wochen, die aufregend bis zum Ruin gewesen sein müssen, als Buchmacher auf einem

Morris und Rose Gershwin, die Eltern des Komponisten

Gershwins Geburtshaus in Brooklyn (New York)

Rennplatz.[1]* Morris Gershovitz nannte sich inzwischen Gershvin – eine Schreibweise, die Ira zeitweilig bevorzugte, während sich George stets Gershwin schrieb, was die Familie dann übernahm. Morris bevorzugte es, in der Nähe seiner Arbeitsstätte zu wohnen, so daß häufige Wohnungswechsel die Folge waren.

In dieses Milieu wurden die Kinder hineingeboren: Ira am 6. Dezember 1896, George am 26. September 1898, Arthur am 14. März 1900 und die Tochter Frances auf den Tag genau zehn Jahre nach Ira, also am 6. Dezember 1906. Für die Unordnung der Verhältnisse spricht die Tatsache,

* Die hochgestellten Ziffern verweisen auf die Anmerkungen S. 126 f.

George, Arthur und Ira Gershwin mit ihrer Cousine Rose Lagowitz

daß sich Ira später weder seines Geburtstags sicher war – man achtete in der Familie auf keine persönlichen Daten – noch seines Vornamens. Genannt wurde er zunächst Izzy (später nur Ira); er selbst glaubte, sein ursprünglicher Name laute Isidore. 1928 nannte er sich in einem Paß Israel. Bei George scheint sicher zu sein, daß man ihm den Namen Jakob gab, aber niemand hat ihn je so genannt.

So wie die Familie Gershwin nicht auf familiäre Festtage achtete, so wenig verhielt sie sich religiös-orthodox. Von jüdischer Tradition klingt nirgendwo etwas an. Nur Ira erhielt das Bar Mitzvah, seine jüdische Einsegnung, was in einem jüdischen Restaurant allerdings recht aufwendig gefeiert wurde.

Die Liberalität dieses Milieus wurde bestimmend für das Leben George Gershwins. Aber auch eine gewisse Bindungslosigkeit hatte hier ihren Ausgangspunkt, die sich bei George, der zwischen Rigidität und Freizügigkeit pendelte, auswirken sollte. Das unstete, aber offensichtlich nicht unpersönliche Familienleben, das wohl nur ein bescheidenes Maß gegenseitiger Herzlichkeit implizierte[2], wurde für George Gershwins soziale Bindungen während seines kurzen Lebens ausschlaggebend.

So verwundert es auch nicht, daß Gershwin als Straßenjunge aufwuchs, zumal das Familienleben zu Hause nicht ohne Spannungen verlief.[3] George war schlecht in der Schule und immer zu Streichen aufgelegt, so daß der nur zwei Jahre ältere Ira wegen der Disziplin-Probleme seines Bruders mit der Lehrerin verhandeln mußte. Die Straßengemeinschaften mit gleichaltrigen Kindern bei Spielen und Schlägereien müssen wohl als eine Art Ventil, als Ausgleich zum nicht störungsfreien häuslichen Dasein betrachtet werden. Offenbar war die Autorität des Vaters auf Grund seiner beruflichen Spekulationen so brüchig, daß Ira in jungen Jahren die Rolle des Finanzspezialisten innerhalb der Familie zufiel.

Trotz ihrer dominierenden Familienstellung hat es Rose Gershwin mit der Aufsicht über ihre Kinder nie sonderlich genau genommen. Dennoch bezeichnete George seine Mutter in späteren Jahren als nervös, ehrgeizig und zielgerichtet, seinen Vater hingegen als leichtlebig und als einen humorvollen Philosophen, der die Dinge nahm, wie sie kamen.[4] Mutter Rose erfüllte die Rolle der jüdischen Mamme, die sich bis zur Bevormundung um alle Belange ihrer Kinder kümmert, ganz und gar nicht. Sie ließ es im Gegenteil zu, daß einen Teil der Erziehung die Straße übernahm, bei George vor allem auch die sexuelle Aufklärung, die er erfuhr, indem er die Bordelle entdeckte, die ihn zeitlebens nicht losgelassen haben.[5] Bei allen gravierenden charakterlichen Gegensätzen waren sich die Eltern Gershwins doch einig in ihrer Vorliebe fürs Spiel. Das bezog sich sowohl auf die traditionellen samstäglichen Pokerpartien mit Freunden zu Hause als auch auf den Besuch von Rennplätzen mit unvermeidlichen Wettabschlüssen.

Über Gershwins persönliche Beziehung zu seinen Eltern existieren gegensätzliche Ansichten, die keine definitive Klärung dieses Punkts zulassen. Einerseits heißt es, sein Verhältnis zum Vater sei warmherzig, aber doch beiläufig gewesen, während seine Mutter Einfluß auf ihn zu nehmen vermochte. Das erscheint schon deshalb verständlich, weil sich der Komponist in seinen Charakteranlagen ihr verwandt fühlte. Andere Quellen besagen, Gershwin habe seiner Mutter reserviert gegenübergestanden und sich mehr zum Vater hingezogen gefühlt. Diese Lesart ist besonders nach Gershwins Tod 1937 aufgekommen. Ira Gershwin, der auf die biographischen Beschreibungen seines Bruders zum Teil nicht ohne Einfluß geblieben ist, hat offenbar nach dem Tod seines Bruders mit seiner Mutter Spannungen bekommen; dieser Umstand könnte im nachhinein auch auf die Beurteilung von Georges Verhältnis zu seiner Mutter abgefärbt haben.[6] Morris Gershwin nahm, wenn auch auf naive Weise, viel Anteil an dem späteren Aufstieg seines Sohnes. Nachdem er 1932 gestorben war, näherte sich George mehr seiner Mutter an. Rose nahm an seinen Premieren und Konzerten teil und war Gast vieler gemeinsamer Abendgesellschaften. Generell bestand bei den Gershwins ein enger Familienzusammenhalt über alle möglichen Unterschiede im einzelnen hinweg. George wohnte bis wenige Jahre vor seinem Tod immer mit seiner Familie in einem Haus. Auch ließ er seine Eltern nach dem durchschlagenden Erfolg mit der *Rhapsody in Blue* an seinem zunehmenden Reichtum reichlich teilhaben.

Der zufällige Weg zur Musik erfolgte bei George Gershwin ebenfalls über die Straße. 1904 landete er bei einem seiner Rollschuhausflüge durch die belebten Viertel in der 125. Straße von Harlem vor einer Penny Arcade. Dort konnte man sich nach Münzeinwurf aus Musikautomaten die gängigen Schlager vorspielen lassen. Vorgetragen von einem mechanischen Klavier hörte der Sechsjährige hier Anton Rubinsteins berühmte «Melodie in F», die ihn faszinierte. In diese Zeit fällt auch die Begegnung mit dem zwei Jahre jüngeren Maxie Rosenzweig, der unter dem Namen Max Rosen (1900–56) als Geiger international Karriere machte. Gershwin hörte den Jungen aus einem geöffneten Fenster Dvořáks populäre «Humoreske» spielen, was einen blitzartigen Reiz auf ihn ausübte. Er freundete sich mit Rosenzweig an und hörte oft dessen Geigenspiel zu. Inzwischen hatte er auf dem Klavier eines anderen Freundes selbständig zu üben und mit eigenen Melodieerfindungen zu experimentieren begonnen. Als er Rosenzweig die Ergebnisse vorführte, mußte er ein vernichtendes Urteil verkraften. Der achtjährige Kamerad meinte altklug: «Du hast's nicht in dir, ein Musiker zu sein, George. Nimm mein Wort dafür. Ich weiß es.»[7]

1910, George war zwölf Jahre alt, wurde auf Betreiben von Rose Gershwin ein Klavier angeschafft. Roses Schwester besaß auch eins, und so wollte man nicht zurückstehen. Das geschah trotz finanzieller Beschränkungen aus Prestigegründen (so wie Mutter Gershwin auch oft betont hat, es sei immer möglich gewesen, ein Hausmädchen zu halten). Zur Überraschung der Familie setzte sich George an das Instrument und spielte eine populäre Melodie. Ira Gershwin hat sich später erinnert, schon zu diesem frühen Zeitpunkt von Georges linker Spielhand beeindruckt gewesen zu sein.

Auf Grund dieses unerwarteten Vorgangs erhielt nun George geregelten Unterricht, zunächst bei einem Fräulein Green in der Nachbarschaft, später bei einem feurigen Ungarn namens Goldfarb (dem Komponisten eines Theodore Roosevelt-Marsches), der ihm Technik beibrachte, ihn

Charles Hambitzer

aber vor allem dazu anhielt, Opern-Potpourris und Ouvertüren gefühls-
überladen herunterzudonnern. In dieser Zeit kam Gershwin mit dem
Orchester der Beethoven Society in Verbindung. Ein hier mitwirkender
Pianist, Jack Miller, wurde aufmerksam auf ihn und stellte ihn seinem
Lehrer Charles Hambitzer vor. Gershwin spielte Hambitzer Rossinis
Tell-Ouvertüre vor und beeindruckte ihn trotz aller Ungereimtheiten
seines Spiels so sehr, daß Hambitzer ihm riet, sofort Goldfarb aufzuge-
ben und dafür sein Schüler zu werden. Er verlangte kein Honorar, was
beweisen mag, daß er Gershwins Talent richtig einschätzte und dem Jungen helfen wollte.

Charles Hambitzer ist heute nur noch durch die Gershwin-Literatur
bekannt. Die gängigen Musiklexika sowie die Enzyklopädien «Musik in
Geschichte und Gegenwart» und «Grove's Dictionary of Music and Musicians» übergehen ihn. Er wurde 1878 als Sohn eines Musikalienhändlers
in der Nähe von Milwaukee geboren, erhielt Unterricht in Klavier, Violine und Violoncello und wurde schon in jungen Jahren Lehrer am Konservatorium von Wisconsin. 1908 kam er nach New York, wo er sich er-

Gershwin,
etwa sechzehn
Jahre alt

staunlicherweise schnell durchsetzte und ein gesuchter Lehrer mit mehr als 70 Schülern wurde. Als Pianist machte er sich einen Namen in den Konzerten im «Waldorf Astoria Hotel». Dort hörte ihn Gershwin und begeisterte sich an ihm. Hambitzer, übrigens einer der frühen Interpreten der Musik Arnold Schönbergs, war ein fruchtbarer Komponist in vielen Genres. Eine Operette von ihm machte die Runde durch Amerika zu der Zeit, als Gershwin sein Schüler wurde. Nach seinem frühen Tod 1918 fand man keinerlei Manuskripte in seinem Nachlaß. Wahrscheinlich hat er sie vernichtet, bevor er der Tuberkulose erlag.[9]

Charles Hambitzer legte bei Gershwin fundamentale musikalische Grundlagen. Als der Vierzehnjährige 1912 zu ihm kam, zögerte er nicht, das Kind Gershwin als genial zu bezeichnen.[10] Er hat ihm nicht nur eine perfekte Klaviertechnik, sondern auf umfassende Art musikalische Kultur vermittelt. Er mißachtete Gershwins ausgeprägte Neigung zur Unterhaltungsmusik und drängte auf eine solide klassische Ausbildung. Er machte ihn mit Bach, Chopin und Liszt ebenso vertraut wie mit der Musik des noch lebenden Debussy.

George Gershwin hat später bekannt, bei Hambitzer gelernt zu haben, richtig und intensiv zu hören: «Ich hörte nicht nur mit meinen Ohren, sondern mit allen meinen Sinnen, meinen Nerven, meinem Geist, meinem Herzen.»[11] Er interessierte sich ab jetzt auch intensiv für klassische Konzertmusik. Er ging in Konzerte und hörte berühmte Solisten wie Efrem Zimbalist, Leopold Godowsky und Leo Ornstein, er machte Bekanntschaft mit den New Yorker Philharmonikern, der New York Symphony Society, dem Beethoven-Orchester, dem Russischen Symphonie-Orchester und erlebte Pierre Monteux als Dirigenten.

George Gershwin blieb der populären Musik – hinter dem Rücken Hambitzers – verbunden. Er schrieb schon 1913 (auf Texte von Leonard Praskins) seine beiden ersten, niemals veröffentlichten Songs *Since I Found You* und *Ragging the Traumerei*. Zu seinen musikalischen Vorbildern wurden zunehmend Irving Berlin und Jerome Kern. Im übrigen besuchte er auf Anraten seiner Mutter, die eine Begabung für Arithmetik in ihm entdeckt haben wollte, eine höhere Handelsschule. Bei internen Feiern erhielt er hier Gelegenheit, ab und zu vor Publikum Klavier zu spielen. Offizieller war sein pianistischer Einstieg in einem literarischen Zirkel, dem Finley Club, wo Bruder Ira, der sich als Journalist betätigte, an den Vorbereitungen für eine Veranstaltung beteiligt war. Außerdem spielte Gershwin während des Sommers 1912 in einem Kurorchester in den Catskill Mountains nördlich von New York – für 5 Dollar die Woche.

1914 verließ Gershwin die Handelsschule und wurde Mitglied der Tin Pan Alley. Das war ein Bezirk in der 28. Straße zwischen Broadway und 5. Avenue, damals die Brutstätte des Schlagergeschäfts. Der Name – Zinn-Pfannen-Straße – wurde angeblich geprägt von dem Journalisten

Monroe Rosenfeld, der Artikel über diese Straße verfaßte und nach einer musikalischen Demonstration auf einem blechernen Klavier den Eindruck formulierte, die Musik habe wie aus einer Bratpfanne geklungen. Die Tin Pan Alley war Sitz von Musikverlagen. Sogenannte Song Plugger, wie George nun einer wurde – wahrscheinlich mit fünfzehn Jahren der jüngste in der Geschichte der Straße –, mußten neueste Schlager, die von den Verlagshäusern angekauft worden waren und nun vertrieben werden sollten, Interessenten des Show-Geschäfts, also Sängern, Musikern, Tänzern, Kapellmeistern, so wirkungsvoll vortragen, daß sie von jenen gekauft bzw. die Rechte zum Vortrag von ihnen erworben wurden. Die Song Plugger hatten also stundenlang gängige Musikware in engen Boxen auf Nachfrage, klavierspielend und dazu singend, anzubieten. Das war eine eintönige und geisttötende Beschäftigung.

George Gershwin reizte der Job hauptsächlich, weil er hier den glänzenden Sternen der leichten Muse, Komponisten wie Irving Berlin, Jerome Kern, Oscar Hammerstein, John Philip Sousa, Rudolf Friml und ihrer Musik nahe war. Für 15 Dollar die Woche verdingte er sich bei dem Musikverlag Jerome H. Remick & Co. Sein Freund Ben Bloom hatte ihn dort eingeführt. Er wurde dadurch sehr frühzeitig mit den Praktiken des Musikgeschäfts vertraut. Das Musikmachen selbst blieb eher sekundär, war als eine stupid-mechanische Angelegenheit anzusehen. George Gershwin hatte sich schnell so gut eingeführt, daß der Verlagsleiter Mose

Die tonangebenden Komponisten der Tin Pan Alley (ganz links Jerome Kern, am Flügel Oscar Hammerstein I, über ihm Rudolf Friml, ganz rechts Irving Berlin)

Gumble ihn mitnahm auf Außendienst in Lokalen, Music Halls und Theatern, wo die Verlagsvertreter feststellen mußten, welche Schlager ihres Hauses gespielt wurden und wie sie beim Publikum ankamen. Gegebenenfalls griffen sie als Vortragende ein und beförderten damit die Musik in ihrer Popularität. Gershwins Versuch, einmal eigene Melodien in das Verlagsangebot einzuschmuggeln, scheiterte. Man bedeutete ihm, er sei zum Klavierspielen engagiert worden, nicht zum Liederschreiben; an Songkomponisten herrsche kein Mangel.

Trotz aller virtuellen Beschränktheit, die der Dienst bei Remick mit sich brachte, war die Zeit für Gershwin wichtig. Hier bildete sich sein Gespür, seine sinnliche Erfahrung für die Effektivität eines Songs heraus. Hier lernte er, wie Melodien geformt und in den passenden harmonischen Satz eingefügt werden, wie sie rhythmisch durchgebildet sein mußten, um sich unverwechselbar einzuprägen. Hier wuchsen seine handwerklichen Kenntnisse, die Virtuosität seines Spiels und besonders seine Fähigkeiten zum Transponieren. Das war bei aller Stupidität der Tätigkeit ein gewinnbringender und qualitätsbildender Faktor. Ein nicht zu unterschätzender Nebeneffekt seiner Arbeit als Song Plugger bedeuteten Kontakte zu Komponisten wie Kern und Berlin, zu dem Geschwisterpaar Astaire, dem später berühmten Tänzer Fred (1900–87) und Adele, die wichtige Gershwin-Interpreten werden sollten, oder zu Textdichtern wie Irving Caesar, der Gershwin-Songs getextet hat. Endlich entfaltete Gershwin in

MUSIC PUBLIS
45
WHITNEY WARNER
MUSIC
WHITNEY WARNER
MUSIC PUBLISHERS.
JEROME H. REMICK & COMPANY
45
MUSIC
PUBLISHERS
MUSIC
PUBLISHERS
WILLIAM
MORRIS
JEROME H. REMICK & COMPANY
WHITNEY WARNER PUBLISHING CO.

Edward Kilenyi

der Tin Pan Alley seine lebenslang dominierende musikantische Leidenschaft. In Arbeitspausen, wenn keine Kunden in seine Kabine drängten,
soll er Bachsche Fugen geübt haben. Das war die Saat, die aus der Zusammenarbeit mit Hambitzer aufging.

Es spricht für die Weitsicht Hambitzers, daß dieser seinen jungen Schüler 1915 Edward Kilenyi präsentierte. Kilenyi, 1884 in Ungarn geboren,
1968 in Florida gestorben, ausgebildet in Budapest, Köln, bei Pietro Mas-
cagni in Rom und ab 1908 an der Columbia University, wurde Gershwins
eigentlicher Kompositionslehrer. Er analysierte bedeutende Musiklitera-
tur mit ihm, und Gershwin hat ihn auch später noch oft konsultiert. Ein
späterer Unterricht bei Rubin Goldmark (1872–1936) um 1923 herum
ging bereits nach drei Lektionen zu Ende. Gershwin hatte ihm sein
Streichquartett *Lullaby* von 1919, das erst 1963 vom Juilliard String Quar-
tett zum erstenmal gespielt worden ist und 1968 veröffentlicht wurde,
gezeigt. Daraufhin meinte Goldmark in Verkennung des Umstands,
Gershwin habe schon viel bei ihm gelernt.[12]

Tin Pan Alley mit Remicks Musikverlag

Als freier Komponist
auf dem Weg zum Erfolg

George Gershwin verließ Remick am 17. März 1917. Er hatte umfassende Erfahrungen erworben, vor allem aber die Schattenseiten der mechanischen Schlager-Fabrikation, das mechanische Herstellen statt des individuellen Komponierens von Musik kennengelernt. Ihm wurde klar, daß er so keine Karriere als Komponist populärer Musik aufbauen wollte. Und auch den Weg über das Jiddische Theater, das bei der immensen Anzahl jüdischer Immigranten in New York großen Zulauf hatte, wollte er nicht gehen. Schon 1915 hatte Boris Thomashevsky, der Impresario des National-Theaters (Rose Gershwin spielte dort Karten mit jüdischen Schauspielerinnen), ihm vorgeschlagen, gemeinsam mit Sholom Secunda eine jiddische Operette zu schreiben. Secunda lehnte das Angebot ab, denn er empfand kaum Hochachtung für George und für dessen nach seinem Geschmack zu leger gehandhabte musikalische Technik. Secunda hatte am Institute of Musical Art, der nachmaligen Juilliard School of Music, studiert und wollte mit einem seriös ausgebildeten Musiker zusammenarbeiten, nicht hingegen mit einem Anfänger. Für Gershwin bedeutete es sicher einen Glücksfall, daß dieser Plan sich zerschlug. Er hat allgemein wie auch in musikalischer Hinsicht nie in einengenden jüdischen Kategorien gedacht. Sein Ziel war eine umfassende amerikanische Musik, und im Hinblick darauf gab es schon bald einige Fortschritte.

1916 hatte Gershwin seine Lieder *When You Want 'Em, You Can't Get 'Em; When You've Got 'Em, You Don't Want 'Em* und *My Runaway Girl* auf Texte Murray Roths – seine einzige Zusammenarbeit mit diesem Autor – geschrieben. Das erste akzeptierte Harry von Tilzer, ein anderer namhafter Verleger in der Tin Pan Alley, zur Veröffentlichung – Gershwins erste Publikation gegen ein Entgelt von 5 Dollar, und Sophie Tucker sang es. Weitere Lieder folgten, zum Beispiel *When the Armies Disband* (Text Irving Caesar), die teils unveröffentlicht blieben, teils später in Musical-Comedies verwendet wurden. Für die Bühnenshow *The Passing Show of 1916* steuerte George fünf Nummern bei, von denen nur *Making of a Girl* eingesetzt wurde. Der Komponist der Show, Sigmund Romberg, ließ sich als Co-Autor für die Nummer eintragen. Für George ergab das die zweite offizielle Veröffentlichung (im Verlag G. Schirmer) und eine Abgeltung der Rechte mit etwa 7 Dollar. Schließlich übernahm

Emily Paley
Lou Paley

auch sein alter Arbeitgeber Remick eine Musik von ihm, das Klavierstück *Rialto Ripples*, einen Ragtime, den Gershwin mit Will Donaldson komponiert hatte.

Ende 1916 lernte Gershwin seinen Vetter Harry Botkin kennen. Er war Maler und wurde später Gershwins wichtiger Berater bei der Zusammenstellung seiner Kunstsammlung. Dann schlossen Ira und George Freundschaft mit den Brüdern Paley: dem Komponisten Herman, der bei Edward MacDowell und, wie George, bei Hambitzer und Kilenyi studiert hatte, sowie dem Lyriker Lou, der Georges Textdichter wurde. Bei den Paleys fand Gershwin ein zweites Zuhause, dort traf er die Schwestern Strunsky: Emily, die Lou Paley heiratete, und Leonore, die Iras Frau wurde. Zum Haushalt der Paleys gehörte auch deren Nichte Mabel Pleshette, die ebenfalls Hambitzer-Schülerin gewesen war und später Robert Schirmer heiratete. Sie blieb eine lebenslange und zeitweilig sehr enge Freundin von George, vor allem in der letzten Zeit vor seinem frühen Tod 1937. Dieser Freundeskreis hat besonderen Anteil an Gershwins Laufbahn genommen.

Der angehende Komponist hatte nun für seinen Lebensunterhalt zu sorgen. Will Vodery, ein Schwarzer, der als musikalischer Arrangeur für Orchester arbeitete, vermittelte ihm am Fox's City Theater für 25 Dollar die Woche eine Stelle als Pianist. An diesem Vaudeville-Theater hatte George in den Orchesterpausen, in denen die Schauspieler und Sänger

Mabel Schirmer

weiterspielten, den Musikpart am Klavier zu übernehmen. Das mißglückte gleich am ersten Abend. Er hatte aus einem schlecht geschriebenen Partitur-Manuskript zu spielen, ließ deshalb einige Passagen aus, versuchte zu improvisieren und kam mit den Sängern auf der Bühne auseinander. Ein Komödiant wollte die Situation retten und machte sich lustig auf Gershwins Kosten, der sich nun bloßgestellt fühlte und das Klavier verließ. Später hat er bekannt, daß diese Wunde ihm immer in Erinnerung geblieben sei.[13]

Als eine andere Beschäftigung ergab sich 1915 die Gelegenheit, Klaviermusik auf Walzen aufzunehmen. Gershwin tat das seltsamerweise zum Teil unter den Pseudonymen Fred Murtha, Bert Wynn und James Baker. Bis 1926 bespielte er rund 125 Walzen. Diesem Umstand verdanken wir heute Interpretationen verschiedener seiner Werke, auch der *Rhapsody in Blue*. Vor allem aber strebte Gershwin zum Theater, das auch Bruder Iras Domäne werden sollte. Vor ihren Brüdern hatte Schwester Frances siebzehnjährig als Sängerin und Tänzerin auf diesem Gebiet einigen Erfolg.

Im Oktober 1917 wird George Probenpianist am Century Theatre. Auf dem Plan steht das Musical «Miss 1917» mit der Musik von Victor Herbert und Jerome Kern, und trotz dieser ausgewiesenen Spezialisten wird es ein Mißerfolg. Für George wurden der Kontakt zu Kern und seine Bekanntschaft mit dem damaligen Musical-Star Vivienne Segal wichtig. Die Segal wählte ihn als Begleiter für ein Sonntagabendkonzert und trug bei der Gelegenheit seine Lieder *There's More to the Kiss than the X-X-X* und *You – oo Just You* vor, von denen Remick das zweite in sein Verlagsprogramm aufnahm.

George Gershwins Erfolge vermehrten sich langsam, aber stetig. Schritt für Schritt eroberte er das angestrebte Betätigungsfeld, nämlich das populäre moderne Musiktheater amerikanischer Provenienz. Dabei erwiesen sich viele seiner Songs aus diesen Jahren später als ausbaufähige Keimzellen in anderem Zusammenhang. Gershwin entwickelte ein ausgesprochenes Geschick für Materialverwertung. So wurde beispielsweise der Song *Something About Love* auf den Text von Lou Paley zum Grundstein für *He Loves and She Loves*, einen der glanzvollen, 1927 in die Musical-Comedy *Funny Face* aufgenommenen Gershwin-Songs. Gute Startpositionen boten auch fremde Komödienproduktionen, zu denen er Lieder beisteuerte. Ende 1917 notierte Ira, sein Bruder schreibe Lieder mit Paley, Irving Caesar, Leonard Praskins und ihm selbst[14], und unterstrich damit dessen Arbeitsquantität. In dieser Zeit hörte Harry Askins, der Produzent der mißglückten Show «Miss 1917», Vivienne Segal mit den beiden Gershwin-Nummern. Er hielt es daraufhin für richtig, George bei Max Dreyfus einzuführen. Dreyfus, 1874 in Deutschland geboren, Direktor des bedeutenden Verlagshauses T. B. Harms in der Tin Pan Alley, war immer auf der Suche nach neuen Begabungen. Komponisten wie Richard

Nora Bayes

Rodgers, Cole Porter, Sigmund Romberg, Vincent Youmans (der mit seinem Musical «No, No, Nanette» und darin dem Weltschlager «Tea for Two» bis heute bekannt geblieben ist) und später Kurt Weill hat Dreyfus an sich gezogen. Im Februar 1918 offerierte er Gershwin einen ziemlich einmaligen Vertrag – einmalig, wenn man bedenkt, daß George erst neunzehn Jahre alt war: für 35 Dollar die Woche hatte er nichts anderes zu tun als seine neuen Songs exklusiv bei Harms anzubieten. Der erste von Harms veröffentlichte war *Some Wonderful Sort of Someone*, der Ende des Jahres in das Musical «Ladies First» eingefügt wurde, zusammen mit dem ersten mit Ira gemeinsam veröffentlichten Lied *The Real American Folk Song*. Harms beteiligte Gershwin auch an den Rechten für seine Kompositionen: jede verkaufte Kopie eines Liedes brachte ihm 3 Cents.

George Gershwin ruhte sich auf diesem schmalen Erfolg nicht aus, sondern arbeitete weiter als Repetitor in verschiedenen Revuen. Er begleitete die Sängerin Louise Dresser auf dem Klavier bei ihren Chanson-Abenden – seine erste Berührung mit dem offiziellen Konzertleben – und bestritt mit ihr anschließend eine kurze Tournee nach Boston, Baltimore und Washington, wo beide im Keith's Theater vor Präsident Wilson auftraten. Eine andere Verbindung ergab sich zu der berühmten Sängerin Nora Bayes. Sie war der Star in «Ladies First» und wählte Gershwins *Some Wonderful Sort of Someone* als freie Gesangseinlage. Sie nahm ihn auch als Pianisten mit auf Tournee, auf der sie unter anderem *The Real American Folk Song* vortrug. Sie konnte sich aber an sein phantasievolles, ausgeschmücktes Klavierspiel nicht gewöhnen und befürchtete, daß dieses von ihrem Gesang ablenkte. Als sie das Ansinnen an Gershwin stellte, er möge Schlüsse seiner Lieder in ihrem Interesse ändern – mit dem Hinweis, auch Berlin und Kern wären ihr derart engegengekommen –, reiste er kurzentschlossen nach New York zurück.

Max Dreyfus brachte Gershwin mit dem Produzenten Perkins zusammen, der Musical-Pläne für den Broadway hatte. «Half Past Eight» hieß das Unglücks-Opus, das im Dezember 1918 mit vier Liedern Gershwins im Empire Theater in Syracuse ausprobiert wurde und als Fiasko endete.

Max Dreyfus

Gershwin erhielt die Rückfahrkarte nach New York. Aber er hatte nun zum erstenmal seinen Namen als Komponist gedruckt auf Plakaten gesehen. Ebenfalls 1918 lernte Gershwin eine Zeitlang Saxophon spielen. Er wollte, falls er noch zum Kriegsdienst eingezogen werden würde, für die Mitwirkung in einer Militärkapelle gerüstet sein. Aber dazu kam es nicht mehr.

Das Musical *La-La-Lucille!*, ausschließlich mit Georges Musik, war die eigentliche Geburtsstunde des Broadway-Komponisten Gershwin. Die Premiere fand am 26. Mai 1919 im Henry Miller Theater statt. Produzent Alex A. Aarons – ab 1923 im Team mit Vinton Freedley –, mit dem George später viel zusammenarbeitete, hatte den unbekannten Gershwin dem erfahrenen Victor Herbert vorgezogen. Die Song-Texte zu *La-La-Lucille!* hatten Arthur J. Jackson und B. G. (Buddy) DeSylva – letzteren kannte George von den Paleys – verfaßt. Gershwins Musik, mit dem Song *Nobody But You* als zentraler Nummer, zeigte keine besondere Auffälligkeit, wurde noch von eingeübten Mustern beherrscht. Trotzdem reüssierte es und erlebte eine Laufzeit von knapp sechs Monaten, die ein Schauspieler-Streik beendete. Diese Aufführungszahl bezieht sich nur auf New York; Probeaufführungen hatten, wie in amerikanischer Praxis bis heute üblich, vorher in Atlantic City und Boston stattgefunden. Ab jetzt wurde Gershwin als jemand eingeschätzt, mit dem man zu rechnen haben würde. *La-La-Lucille!* war ein erster solider Treffer, der eigentliche Karrierestart. Daneben entstanden in diesem Jahr weitere Lieder, meist auf Texte von Irving Caesar und Lou Paley. Einmal taucht auch der Name Arthur Francis auf, ein Pseudonym Iras, das er aus den Vornamen seiner Geschwister Arthur und Frances gebildet und gewählt hatte, weil er den möglichen Vorwurf vermeiden wollte, er profitiere vom Erfolg seines Bruders George.[15] Er behielt das Pseudonym für drei Jahre bei. Die meisten Songs, auch Georges bis zu diesem Zeitpunkt populärster *I Was So Young, You Were So Beautiful*, fanden Aufnahme in Musicals wie «Good Morning, Judge» oder «The Lady in Red». Ein anderes Musical des Jahres 1919, für das George sechs Lieder schrieb, war «Morris Gest Midnight Whirl».

Der größte Popularitätserfolg des Jahres 1919, der sich erst ab 1920 auswirkte, erwuchs jedoch aus einer Augenblicksgrille, die auf Irving Caesar zurückging. In der Zeit grassierte der One-Step-Schlager «Hindustan». Caesar wollte nun etwas Ähnliches kreieren und sich an die One-Step-Welle anhängen. Nach einem Abendessen entstand in weniger als einer halben Stunde *Swanee*, beileibe nicht Georges bester, dafür aber sein breitenwirksamster Schlager, der im Capitol Theater, einem Kinohaus, in der «Capitol Revue» am 24. Oktober 1919 – mit einer zweiten Nummer von Gershwin – Premiere hatte. Hier blieben die Folgen noch aus. Sie stellten sich jedoch blitzartig ein, nachdem der Sänger Al Jolson das Lied durch George auf einer Abendgesellschaft kennengelernt hatte

«Buddy» DeSylva

und es sofort in seine eigene, im New Yorker Winter Garden laufende Revue «Sinbad» einfügte, deren Musik hauptsächlich von Sigmund Romberg komponiert war.

Al Jolson, russischer Jude wie Gershwin, 1885 in Srednike geboren, 1950 in San Francisco gestorben, war neunjährig als Rabbiner-Sohn nach Washington gekommen. Er stand mit vierzehn Jahren zum erstenmal auf der Bühne und wurde später Amerikas berühmtester Unterhaltungskünstler, dessen befremdliches Markenzeichen darin bestand, sich für seine Auftritte das Gesicht zu schwärzen. Seine dritte von vier Ehen schloß er mit dem Filmstar Ruby Keeler, die in Gershwins Musical *Show Girl* (mit dem Hit *Liza*) 1929 eine Hauptrolle spielte. Jolson wurde der bekannteste Broadway-Showman in den zwanziger Jahren und übertraf mit seinen Schallplattenerfolgen Armstrong, Ellington und andere. Seine reißerische Erfolgsnummer wurde *Swanee*. Der Schlager wurde auf Schallplatte, die Jolson im Januar 1920 aufnahm, zweieinviertelmillionenmal verkauft. *Swanee* machte Gershwin endgültig bekannt, auch in Europa, und wurde neben dem Anfangsthema aus *Rhapsody in Blue* zu seiner Erkennungsmelodie. Gershwin und Caesar verdienten an *Swanee* in einem Jahr jeder 10000 Dollar: kein Qualitätsargument für Georges einzigen kommerziellen Schlager schlechthin.

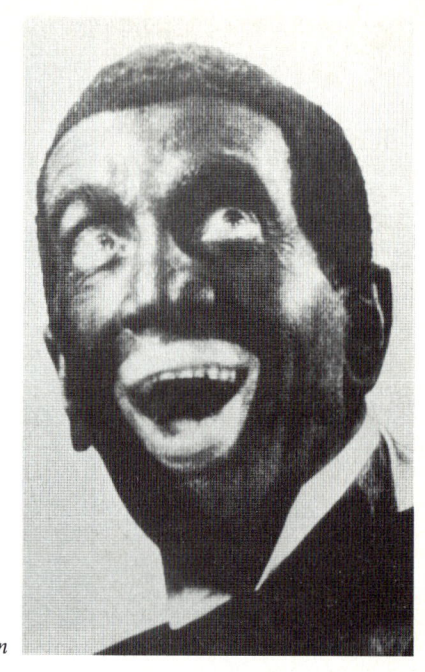

Al Jolson

1920 wurde für Gershwin zum Jahr des Durchbruchs. Ab jetzt ging es stetig aufwärts bis zur Uraufführung seiner Oper *Porgy and Bess* am 30. September 1935. Die Kurve stieg fünfzehn Jahre steil an, fünfzehn Jahre dauerte das Leben des Künstlers George Gershwin.

Bis zur nächsten herausragenden Station, mit der er Geschichte machen würde, nämlich der Uraufführung der *Rhapsody in Blue* 1924, waren Gershwins Jahre mit vielerlei Aktivitäten angefüllt. So ließ er sich 1921 für Sommerkurse an der Columbia University eintragen. Sein Lehrer wurde der damals angesehene Pädagoge und Komponist Rossetter Gleason Cole (1866–1952), ein Schüler von Max Bruch in Berlin.[16] Gershwin belegte den Kurs «Musikalische Romantik des 19. Jahrhunderts», in dem Schumann, Berlioz, Debussy sowie russische, skandinavische und böhmische Nationalkomponisten behandelt wurden, und als zweiten Kurs «Elementare Orchestration». Er schloß sowohl die historische Entwicklung des Orchesters als auch Instrumentenkunde, Orchester- und Instrumentationstechnik ein. Gershwin wollte Fertigkeiten in der Handhabung des instrumentalen Apparats und in der kompositorischen Durchführung erlangen. Das waren Disziplinen, die er einmal gebrauchen würde.

Auf dem Gebiet der Follies, der Bühnenshow, in der gespielt, gesungen, getanzt wurde und die ihr Vorbild in den Pariser Folies Bergères besaß, war zur Zeit des jungen Gershwin Florenz Ziegfeld, Sohn eines deutschen Musikers, mit seinen Ziegfeld Follies dominierend und richtungweisend: für Form und Inhalt der Produktion, aber auch für die Eigenart der Präsentation. Wer sich neben Ziegfeld auf diesem Sektor beweisen wollte, mußte sich an ihm messen lassen. Der Tänzer George White, der den Proben-Repetitor Gershwin aus der Arbeit an «Miss 1917», an der er selbst beteiligt war, in guter Erinnerung behalten hatte, riskierte die Herausforderung. Gershwin sollte sein Komponist sein. Erste Kontakte für die künftige gemeinsame Arbeit fanden zwischen beiden 1920 in Detroit statt. Aus der Planung ergaben sich fünf Koproduktionen. Gershwin wuchs an dieser Arbeit und war für White ein billiger Komponist. White nannte seine Revuen «George White's Scandals» und fügte dem Titel das jeweilige Aufführungsjahr an. Gershwin schrieb zweckdienliche Partituren für die «Scandals» 1920 bis 1924, eine weitere Zusammenarbeit scheiterte an seinen Geld-Forderungen. Er schrieb für sie eine Fülle von Liedern, von denen sich einige, über den Anlaß hinaus, als beständig erwiesen haben. Unter ihnen sind zu nennen *Idle Dreams, I Love You, Drifting Along with the Tide* – Gershwins erster Blues-Versuch –, *Someone Believes in You* und vor allem *I'll Build a Stairway to Paradise*. Die Verfasser der Liedertexte waren Arthur Jackson, Buddy DeSylva, E. Ray Goetz und Ballard MacDonald. Produzent war natürlich White selbst, der auch als Co-Autor für die fünf Handlungsbücher mitverantwortlich zeichnete.

Wie offen die Form dieser Revuen war, läßt sich an dem kuriosen Umstand ermessen, daß in die «Scandals of 1922» eine einaktige Oper aus der Welt der Schwarzen aufgenommen wurde. Das war Gershwins erster Ausflug in den sogenannten seriösen Musikbereich. DeSylva (1895–1950) und Gershwin hatten die Idee geboren und mit White erörtert, der zunächst ablehnte, dann jedoch drei Wochen vor der Premiere zustimmte, so daß *Blue Monday*, wie das Werk heißen sollte, das Ergebnis von fünf pausenlos durchgearbeiteten Tagen und Nächten wurde. Die Kritiken nach der Uraufführung am 28. August 1922 – mit schwarz geschminkten Weißen als Darstellern – fielen unterschiedlich aus. Hält man sich an die positiveren, so bleibt festzuhalten, daß *Blue Monday* als die erste genuin amerikanische Oper eingestuft wurde. Sie enthalte, hieß es, einen menschlichen Handlungsvorgang aus dem amerikanischen Leben, auf populäre Art in Musik gesetzt; trotz vorhandener Ungereimtheiten bedeute es den ersten Schimmer einer neuen amerikanischen Kunst. Gershwin selbst behielt verständlicherweise gern den Satz im Gedächtnis: «Diese Oper wird noch in hundert Jahren imitiert werden.»[17]

George White zog das Werk trotzdem nach der ersten Aufführung wieder zurück. Hört man es heute, so kann man Whites Entschluß, zumal unter dem Aspekt der Wirkungsmöglichkeiten im Rahmen einer Revue,

Paul Whiteman (sitzend), Ferde Grofé (links), Gershwin (rechts), 1925

verstehen. Der Inhalt der Oper besteht aus einer kargen Dreiecksge-schichte: eine Frau zwischen zwei Männern. Von den musikalischen Ele-menten ist zweifellos manches neu empfunden und erfunden; hervorge-hoben wurde nach der Premiere die Behandlung des Rezitativs in der Art eines freien Ragtimes. Aber das Werk im ganzen ist auch deshalb nur unvollkommen zu beurteilen, weil die Instrumentierung nicht von Gershwin selbst, sondern von Will Vodery stammt. Gershwin verwendete das *Lullaby*-Thema übrigens in einer Arie der Oper.

Ein wichtiger Nebeneffekt ergab sich für Gershwin aus dem Umstand, daß Paul Whiteman der musikalische Leiter der «Scandals of 1922» war. Er faßte eine tiefe Zuneigung zu *Blue Monday*, ließ das Werk später durch Ferde Grofé uminstrumentieren, führte es unter dem Titel *135th Street* 1925 in der New Yorker Carnegie Hall auf und ein weiteres Mal 1936. Aber auch die Revision hat dem Stück nicht aufhelfen können.

George Gershwins Aktivität zwischen 1920 und 1924 war nicht be-grenzt auf die fünf «Scandals». Er war zur Persönlichkeit im Show-Ge-schäft herangereift und eine einschätzbare Größe für die Tin Pan Alley geworden. Er schrieb weiterhin Songs, die in fremde Musicals eingefügt wurden, so sein erstes mit Arthur Francis, also Ira, gemeinsam veröf-fentlichtes Lied *Waiting for the Sun to Come Out*. In dem Musical «For Goodness Sake», das Fred und Adele Astaire 1922 herausstellte, steuer-ten beide drei Songs bei. Ein vollständig eigenes Opus beider war *A Dan-*

gerous Maid, das es trotz der Mitwirkung von Vivienne Segal und Vinton Freedley zwischen Atlantic City und Pittsburgh nur auf eine Laufzeit von gut zwei Monaten brachte. 1922 und 1923 komponierte Gershwin je ein Lied für die Sängerin Irene Bordoni, die als Star diese Songs in ihre Shows einbrachte. Weitere Gesamtkompositionen Gershwins entstanden mit *Our Nell*, 1922, an dem William Daly, ein späterer enger Freund von George, ebenfalls als Komponist beteiligt war, und mit der Komödie *The Rainbow*, die am 3. April 1923 im Empire Theater in London herauskam und George zu seiner ersten Europa-Reise veranlaßte, weil er in London die Einstudierung überwachen wollte. Bei seiner Ankunft in einem Londoner Hotel fragte ihn der Portier, als er den Paß des Gastes las: «George Gershwin, der Komponist von *Swanee?*» Die Frage riß George für *eine Sekunde von den Füßen*, wie er an Ira nach Hause schrieb.[18]

Die Aufführung von *The Rainbow* – einer der Autoren des Buches war übrigens Edgar Wallace – verlief glücklos. Einer der Darsteller extemporierte in der Premiere einen Affront gegen Amerikaner, was Gershwin kränken mußte. Diese fremdenfeindliche Tendenz setzte sich in den Kritiken nach der Aufführung fort. Nach diesem Eklat machte Gershwin einen Abstecher nach Paris, wo ihn Buddy DeSylva und Jules Glaenzer schon erwarteten. George hatte Glaenzer, der für den sozialen Aufstieg des Komponisten eine nicht zu überschätzende Rolle spielen sollte, 1921 kennengelernt. Glaenzer, einer der Direktoren des Pariser Schmuckhauses Cartier, hatte in Paris wie in New York Gesellschaftszirkel geschaffen. In ihnen verkehrten Persönlichkeiten aus Kunst, Politik und Sport, die meist auch Kunden von Cartier waren. Für Gershwin in seiner spezifischen Situation – aus einfachen Verhältnissen stammend und von erheblichem Aufsteigerehrgeiz durchdrungen – bedeutete es einen Glücksfall, in diese Kreise aufgenommen zu werden und bald in deren gesellschaftlichen Mittelpunkt zu rücken. Hier traf er Douglas Fairbanks, Jack Dempsey, Charlie Chaplin, die Mountbattons, Noel Coward, Jascha Heifetz, Maurice Chevalier, Gertrude Lawrence, die Geschwister Astaire, und hier erhielt er gesellschaftlichen Schliff. Ihm mangelte es von Haus aus an grundlegenden Verhaltensregeln und Umgangsformen. So besaß er keine Tischmanieren, behielt die Zigarre im Mund, wenn er Damen vorgestellt wurde, kleidete sich unpassend. Das waren Dinge, die man einem jungen Genie verzeiht, die aber unentbehrlich sind in den Zirkeln, in die Gershwin aufgenommen werden wollte. Die Verbindung zu Glaenzer änderte ihn in der Beziehung grundlegend.[19]

Am 1. November 1923 gab Eva Gauthier (1885–1958), eine musikalisch progressiv eingestellte Sängerin, in der New Yorker Aeolian Hall einen Liederabend, in dem neben Purcell, Bellini und Perucchini zeitgenössische Komponisten berücksichtigt wurden: Bartók, Hindemith, Schönberg (mit der amerikanischen Erstaufführung des Liedes der Waldtaube

Jules Glaenzer

aus den Gurre-Liedern in Alban Bergs Klavierfassung), Bliss, Milhaud, Delage, Hennessy sowie die Amerikaner Berlin, Kern und Gershwin. Die klassischen Kompositionen begleitete Max Jaffé. Für den Songteil hatte sich die Künstlerin Gershwin als Partner gewählt. Das war für ihn die erste Gelegenheit, sich in einem Konzertsaal als Pianist und Komponist vorzustellen. Deshalb bedeutete dieses Engagement für Gershwin besonders viel, weil ihn hier ein anderes Publikum als jenes, das Broadway-Revuen besuchte, kennenlernte. Auch die Kritiker kamen aus einer anderen Fachrichtung. Gershwin präsentierte von sich vier Songs: *Swanee, Innocent Ingenue Baby, I'll Build a Stairway to Paradise* und *Do It Again* als Zugabe. Für Gershwin grenzte der Erfolg an diesem Abend, an dem er doch nur peripher beteiligt war, an eine Sensation. Sicher spielten dabei berechenbare Emotionen der Zuhörerschaft eine Rolle. Nach Liedern von Hindemith, Bartók und Schönberg, deren Qualität nicht in Frage steht, kann sich die Stimmung in einem Konzertsaal nur lockern und steigern, wenn das Programm mit Jerome Kerns «The Siren's Song» fortgesetzt wird und der Pianist von einem quirligen jungen Mann abgelöst wird, der einen pfiffigen, jazzigen Klavierstil anschlägt.

George Gershwin stahl die Show für sich in diesem Konzert; was von dem Abend haftenblieb war sein Auftritt. Vor allem seine pianistische Haltung wurde von den Kritikern nach diesem Konzert beschrieben. Man bewunderte die kalkulierte Unbekümmertheit, mit der Gegenrhythmen, Gegenfiguren, Pausen und Akzente gesetzt waren, was besonders in den gesanglosen Zwischenspielen Wirkung machte. Zum andern waren es der trockene Witz seines Spiels, seine unberechenbaren Einfügungen – wenn er etwa in *Do It Again* eine Passage aus Rimski-Korsakows «Scheherazade» einflocht –, das Mitreißend-Emotionale seines Klavierstils, denen sich niemand entziehen konnte. Gershwin spielte unterhaltende Musik mit der Disziplin des Konzertpianisten, der nicht umsonst Bachsche Fugen geübt und Werke der klassichen Literatur analysiert hatte. Der Kriti-

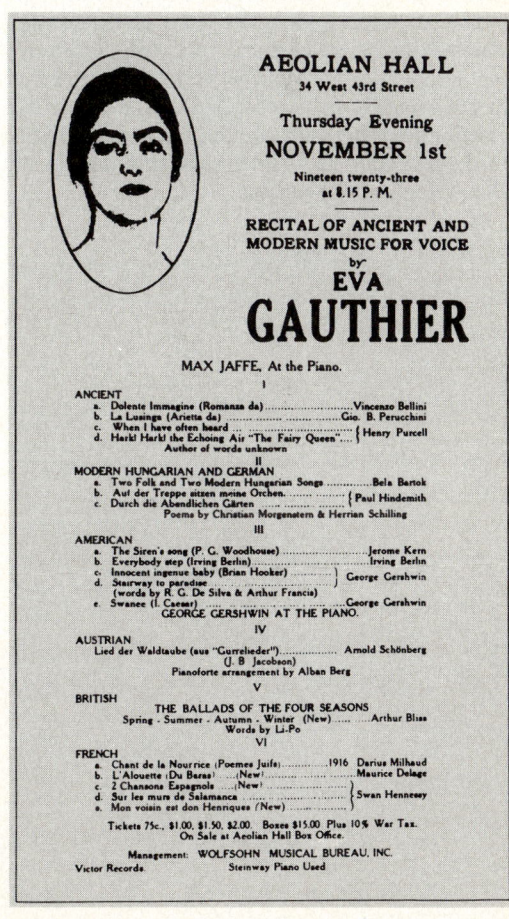

ker Henry Taylor Parker resümierte im Bostoner «Evening Transcript» vom 30. Januar 1924 – nach der Bostoner Wiederholung des New Yorker Konzerts –, Gershwin repräsentiere den Beginn eines Zeitalters des «sophisticated jazz».[20]

Der amerikanische Schriftsteller Carl van Vechten, der sich für die Idee begeisterte, daß aus der popular music eine ambitioniertere genuin amerikanische Musik erwachsen könnte[21], war bei der ersten Vorführung von *Swanee* 1919 im New Yorker Capitol Theater auf Gershwin aufmerksam geworden. Er war offenbar auch der eigentliche Initiator des Gauthier-Recitals, so wie es stattfand, gewesen[22] und hatte der Sängerin auf deren Frage nach einer reizvollen Programmzusammenstellung die amerikanische Liedgruppe vorgeschlagen. Die Gauthier zögerte zunächst, stimmte aber zu, nachdem ihr Maurice Ravel ähnliches empfohlen hatte, und zog Gershwin heran. Das ganze Unternehmen stand ein wenig unter der Sichtmarke Jazz – fälschlicher- und irrtümlicherweise, wie auch Parkers zitierte Anmerkung beweist. Aber dieser Irrtum sollte ab jetzt Gershwins Kompositionstätigkeit begleiten, weniger aus seinem persönlichen Schaffensansatz heraus als vielmehr aus der unterschiedlich genauen Interpretation seiner Arbeitsresultate.

Glücksjahr 1924,
neue Musicals, das Klavierkonzert

George Gershwin war offenbar einer jener wenigen glücklichen Menschen, bei denen ein Ereignis automatisch andere nach sich zieht. Paul Whiteman, der «king of jazz», wie sein Etikett lautete, Gershwins Interpret von *Blue Monday* in den *George White's Scandals* des Vorjahrs 1922, mochte sich durch das neuerliche Aufsehen, das George am 1. November 1923 in der Aeolian Hall erregt hatte, in seiner Meinung bestärkt sehen, daß mit diesem Fünfundzwanzigjährigen etwas Größeres zu bewerkstelligen sein müßte. Das sah er gewiß nicht uneigennützig. Man muß sich Whitemans Stellung in der Musik Amerikas zu jener Zeit vergegenwärtigen. 1890 in Denver geboren (er starb 1967), begann er ein Violinstudium und spielte zunächst als Bratscher in Symphonieorchestern in Denver und San Francisco. Nach Dienst im Ersten Weltkrieg in einer Marine-Kapelle gründete er 1919 ein Tanz-Orchester, mit dem er im «Alexandria Hotel» in Los Angeles auftrat. Er erwies sich auf diesem Feld als sehr geeignet; «Organisationstalent, Geschäftssinn, Einfallsreichtum und Geschick in der Pflege des Publikums und in der Führung der Musiker» waren ihm zu eigen; «die Früchte dieser Gaben ließen nicht auf sich warten: Whitemans Musik wurde ein Anziehungspunkt für die Masse»[23].

Solche Eigenschaften prädestinieren nicht unbedingt zu einem «king of jazz». Aber was Whiteman spielte, wurde bald mit Jazz verwechselt, weil in den Jahren noch zu wenig Kenntnis über echten Jazz bestand. 1920 wechselte Whiteman nach Atlantic City und ging kurz darauf nach New York. Dort wurde der Nachtclub «Palais Royal» seine Heimstatt. Whiteman und seine Neun-Mann-Band wurden erstaunlich schnell zum Begriff in New York für einen Musizierstil, den die Ausführenden wohl gern als Jazz angeboten hätten, der aber in Wirklichkeit Tanz- und Unterhaltungsmusik darstellte.

Paul Whiteman kam so gut wie der acht Jahre jüngere Gershwin von der popular music amerikanischer Prägung, die natürlich Jazz-Elemente – sie lagen sozusagen in der Luft – implizierte. Das betraf die Verwendung bestimmter Rhythmen ebenso wie die Harmoniefolgen und Instrumentalfarben. Mit dem Hautgout des Jazz konnte sich Whiteman auch deshalb schmücken, weil herausragende Jazzmusiker zeitweilig bei ihm spiel-

ten, so die Brüder Dorsey, Bix Beiderbecke (nach 1924) oder Jack Teagarden ab 1933 sogar für fünf Jahre. Was sie anzog war die musikalische Atmosphäre der Band, eine exponierte Beschäftigung und die bekanntermaßen herausragenden Arrangements, die bei Whiteman gespielt wurden. Sie waren größtenteils das Werk eines Mannes, der auch für Gershwin wichtig werden sollte: Ferde Grofé.

Ferde Grofé, eigentlich Ferdinand Rudolph Grofe (1892–1972), war New Yorker. Er spielte in Tanz- und Unterhaltungskapellen Violine und Klavier und stieß dann zu Paul Whiteman, wiederum als Violinist und vor allem als dessen Arrangeur. Später machte er sich als Komponist selbstän-

Paul Whiteman und sein Orchester

dig und ist bekannt geworden mit einer «Symphonie in Steel», der «Mississippi Suite» und der «Grand Canyon Suite».

Paul Whiteman hatte Gershwin eines Tages vorgeschlagen, ein ausgeweitetes Konzertstück für ihn zu schreiben. Der Komponist hatte das Projekt immer wieder hinausgeschoben, weil er auch so ausgelastet war. Am 21. Januar 1924 sollte seine Musical Comedy *Sweet Little Devil* im Astor Theater Premiere haben; Constance Binney, ein nach Hollywood abgewanderter Star, war für diese Show nach New York zurückgewonnen worden. Außerdem stand Gershwins letzte Ausgabe von *George White's Scandals* für Juni auf dem Programm. Da überraschte Ira seinen Bruder am 3. Januar 1924 mit einer Zeitungsmeldung aus der «New York Tribune». Angekündigt wurde ein Konzert unter dem Titel «Was ist amerikanische Musik?», für das George Gershwin ein Jazzkonzert schreiben würde. Über 23 Musikbeiträge, die am Ende das Programm bildeten, sollte eine Jury befinden, zu deren Mitgliedern laut Meldung Serge Rachmaninow, Jascha Heifetz, Efrem Zimbalist und Alma Gluck gehören würden.

George Gershwin sah sich vor eine vollendete Tatsache gestellt, Whiteman hatte ihn überrumpelt. Zu der abrupten Meldung mit dem vorgezogenen Konzerttermin hatte der sich genötigt gesehen, weil ein anderer Dirigent ein ähnliches Konzert parallel plante, dem Whiteman zuvorkommen wollte. Insgeheim verfolgte er weiter seine Idee vom Jazz bzw. von dem, das er so genannt wissen wollte. Gershwin sollte sein Kronzeuge werden, nicht indem er Jazz komponierte (was er gar nicht gekonnt hätte), sondern indem er seine bisher in Form von Songs und Musical-Comedies vorgelegte popular music ausweitete und symphonisch rahmte. Das Ganze sollte sich nach Whitemans Vorstellung so weit der klassischen Musik annähern, daß es sein Lieblingsstichwort «Symphonischer Jazz» legitimieren könnte. Es galt als ausgemacht, daß Gershwin die Klavierversion einer Art amerikanischen Rhapsodie, also genauer: den Klavierpart und den Orchesterpart als Klavierauszug herstellen mußte. Der Rest würde Grofés bewährter Arrangeurs-Fertigkeit überantwortet werden.

George Gershwin geriet unter Zeitdruck. Er war mitten in den Abschlußarbeiten zu *Sweet Little Devil*, das in Boston ausprobiert werden sollte. Andererseits machte es ihm nie etwas aus, unter Zugzwang zu arbeiten; das aktivierte höchstens seine Inspiration. Auf der Bahnfahrt zwischen New York und Boston nahm das neue Werk Gestalt an, entwickelte Gershwin rhythmische Modelle (entsprechend dem Fahrrhythmus der Bahn), Themen und den formalen Rahmen. Und was schwebte ihm vor mit dieser Komposition? *Ich hörte sie,* hat er gesagt, *als eine Art musikalischen Kaleidoskops von Amerika – unseres riesigen Schmelztiegels, unseres unnachahmlichen nationalen Elans, unseres großstädtischen Wahnsinns.*[24]

Es wurde Großstadtmusik, so wie Gershwin, darin vergleichbar Ravel, der Typus des naturfernen Großstadtmenschen war. Als Form wählte er die freie Rhapsodie nach dem Muster Franz Lisztscher symphonischer Dichtungen, und damit stand auch der Titel – eben Rhapsodie – zur Hälfte fest. Zu dem langsamen Blues-Mittelteil gab übrigens Ira George die Anregung, und auch den endgültigen Titel des Werkes fixierte der Bruder. Inspiriert durch eine kurz vorher besuchte Whistler-Ausstellung kam er auf *Rhapsody in Blue*, ein Titel, wie er sinnfälliger kaum gewählt werden konnte.

George Gershwin begann mit der Ausarbeitung seiner ersten herausra-

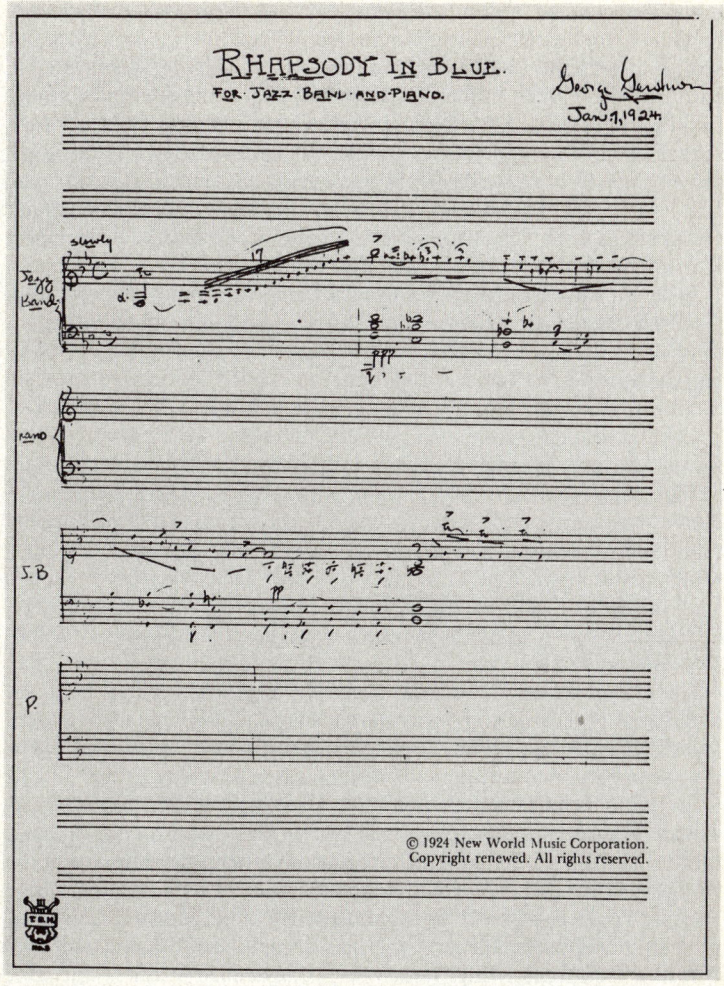

«Rhapsody in Blue» in Gershwins Handschrift

genden und bis heute bekanntesten Komposition am 7. Januar 1924 und
beendete sie am 25. Januar, vier Tage nach der New Yorker Premiere von
Sweet Little Devil. Grofé und der Komponist wurden enge Freunde über
der gemeinsamen Arbeit, die sich zu Hause bei den Gershwins in der
110. Straße abspielte und zehn Tage in Anspruch nahm. Grofé hat die
Gastfreundschaft der Eltern Gershwin beschrieben: er genoß den russi-

41

schen Tee, mit dem Mutter Rose ihn und ihren Sohn in den Arbeitspausen bewirtete, und er diskutierte endlos mit Vater Morris. Er ist auch auf später aufgestellte Behauptungen eingegangen, George habe seine Instrumentierung nicht sonderlich geschätzt, habe eingreifen müssen und praktisch alles selbst gemacht. Die Wahrheit sei, so Grofé, daß George zu jener Zeit noch wenig Kenntnis von diesem handwerklichen Vorgang besessen habe; Grofé habe das Werk orchestriert aus einer Vorlage für zwei Klaviere, die er in seinem Besitz behielt. 1935 sei er zum letztenmal mit Gershwin zusammengetroffen, als er für eine Gastlichkeit bei Harry Hershfield Auszüge aus *Porgy and Bess* arrangierte.

In der Gershwin-Biographik ist vielfach und vielfältig versucht worden, Grofés Rolle bei der Arbeit an der *Rhapsody in Blue* herunterzuspielen, um Gershwins Anteil entsprechend aufwerten zu können. Da die Quellen, die über beider Arbeit Auskunft geben können, vorhanden sind – sie befinden sich in der Library of Congress in Washington[25] –, steht unbezweifelbar fest, daß Grofé zwar auf der Grundlage von Gershwins Urausführung basiert, aber Instrumentationshinweise des Komponisten kaum beachtet hat. An einigen Stellen hat er auch kompositorische Details revidiert, sogar bis in den Rhythmus hinein.[26] Das macht Gershwins Bedeutung als Komponisten der *Rhapsody* nicht kleiner, dokumentiert aber seine professionelle Unerfahrenheit zu jenem Zeitpunkt. Grofé hat das Werk übrigens noch zwei weitere Male instrumentiert, 1926 und 1942. Die letzte Version ist die heute meist gespielte große Symphonieorchester-Fassung.[27]

Der Untertitel der Urform der *Rhapsody in Blue* lautet für «Jazzband and Piano». Die Bezeichnung irritiert insofern, als Whitemans Orchester keine Jazzband, sondern ein Tanzorchester von neun Mitgliedern war. Für die anspruchsvolleren Nummern des geplanten Konzerts mit Gershwins Komposition als Hauptwerk wurde das Orchester auf 23 Musiker aufgestockt, und für diese Besetzung orchestrierte Grofé die *Rhapsody*. Dabei trug er häufig statt der Instrumente nur die Namen der Musiker in die Notensysteme ein, was bei der Rekonstruktion dieser Urfassung durch Michael Tilson Thomas für die Schallplatte 1971 (mit Gershwin als Solist – abgenommen von der Klavierwalze von 1925) eine zum Teil abenteuerliche Sucharbeit erforderte: die Namen der angegebenen Musiker waren zu identifizieren hinsichtlich der von ihnen gespielten Instrumente; in einigen Fällen wurden mehrere von einer Person gespielt.[28]

Es ist in der Literatur behauptet worden, Gershwin habe bei der Niederschrift des Soloparts weiße Passagen in den Notenblättern stehengelassen und an solchen Stellen bei der Uraufführung improvisiert. Das trifft jedoch nur für die Kadenz zu, die im übrigen vor der Uraufführung ebenfalls ausnotiert worden war.[29] Hier wollte Gershwin um des Effekts willen aus dem Augenblicksimpuls spielen. Obwohl er nicht frei von Lampenfieber war – sein Komponisten-Magen machte ihm sein Leben lang

Schwierigkeiten –, spielte er in solchen Situationen besonders selbstbewußt und mit stählerner Selbstsicherheit.[30] Auf jeden Fall fand Whiteman in seiner Partitur den Hinweis, daß er nach der Kadenz auf ein Zeichen vom Pianisten zu achten habe.

Für die Einstudierung der *Rhapsody* hatte Whiteman fünf Probentage angesetzt. Probenort war das «Palais Royal», das New Yorker Auftrittslokal der Whiteman-Kapelle. Whiteman hatte eine regelrechte Strategie entworfen: er lud Persönlichkeiten der Musik, vor allem auch Kritiker, zu den Proben ein, weil er von der zweifellos richtigen Überlegung ausging, mehrmaliges Hören des Werks vor der ersten offiziellen Präsentation könnte für die abschließende Beurteilung von Nutzen sein. So fanden sich unter anderem ein die Kritiker William J. Henderson, Leonard Liebling, Henry Osborne Osgood, Pitts Sanborn, der Publizist Carl van Vechten, der Produzent Gilbert Seldes, der Dirigent Walter Damrosch, der Komponist Victor Herbert. Zur Auflockerung der Atmosphäre wurden Imbisse gereicht oder Essenseinladungen ausgesprochen. Alles in allem wurden auf diese Weise Gesinnungsfreunde für das nicht risikolose Whiteman-Unternehmen gewonnen. Victor Herbert riet Gershwin, durch eine Klavierüberleitung einen organischeren Übergang zum Blues-Mittelteil zu schaffen – George hörte auf die Empfehlung. Auch wurde auf einer Probe das berühmt gewordene Klarinetten-Glissando aus dem Zufall geboren. Gershwin hatte ursprünglich an einen schnellen Lauf mit siebzehn Tönen gedacht, wie sein Manuskript klar ausweist. Als Ross Gorman, der Klarinettist des Whiteman-Orchesters, dann den aufwärts gleitenden Glissandoeffekt einbrachte, wurde diese Spielweise als verbindlich festgelegt, und die Passage sollte zur Erkennungsmarke für Gershwin ganz allgemein werden.[31]

Auch für die Uraufführung am Nachmittag des 12. Februar 1924 in der Aeolian Hall hatte Whiteman illustre Vertreter seiner Zunft eingeladen. Dabei legte er besonderen Wert auf Künstler des sogenannten klassischen Bereichs. Neben den schon genannten Rachmaninow und Heifetz waren es die Dirigenten Walter Damrosch, Willem Mengelberg, Leopold Stokowsky, Josef Stransky, der Komponist Ernst Bloch, der Geiger Fritz Kreisler, die Pianisten Moritz Rosenthal und Leopold Godowsky, die Sänger Mary Garden, John MacCormack, Amelita Galli-Curzi und natürlich als Sponsoren die Mäzene Jules Glaenzer und Otto Kahn. Kahn, Milliardär und wichtiger Berater im Führungsstab der Metropolitan Opera, sollte für Gershwin in späteren Jahren im Zusammenhang mit seinen Bemühungen um die Oper als Anreger wichtig werden. Daß Gershwins Kollegen von der Tin Pan Alley anwesend waren, versteht sich von selbst, zumal auch Stücke von Berlin, Kern und Herbert auf dem Programm standen.

Das Konzert mit Whitemans anspruchsvollem Titel «Ein Experiment mit moderner Musik» wäre ohne Gershwins Beteiligung kompletter Vergessenheit anheimgefallen. Es ist nur seinetwegen in die Geschichte eingegangen. Von den 23 Programmnummern erwiesen sich 22 als bedeutungslos, vor allem in dem gesetzten programmatischen Rahmen. Einzig mit Gershwins *Rhapsody* ging Whitemans Rechnung auf. Gleich das einleitende Klarinetten-Glissando wirkte elektrisierend. Das Auditorium begriff das Ungewöhnliche dieser Komposition auf Anhieb und feierte den Komponisten ausgiebig. Das war eine Musik, verfertigt aus vielen vertrauten Einzelelementen formaler, melodiöser, rhythmischer, harmonischer und instrumentaler Art, war in der Gesamtwirkung jedoch neu: ein genuines Produkt amerikanischen Temperaments und Geistes. Die Kritiken spiegelten den außergewöhnlichen Rang im großen und ganzen zutreffend. Zwar wurden auch Mängel konstatiert, Anerkennung überwog jedoch. Carl van Vechten faßte seinen Eindruck in einem Brief an Gershwin zusammen mit der Feststellung, nach mehrmaligem Hören müsse er dies als den weitaus ernsthaftesten Versuch eines amerikanischen Komponisten beurteilen; «go straight on and you will knock all Europe silly», fügte er übermütig hinzu [32] und sagte damit genau die Wirkung voraus, die das Werk künftig weltweit auslösen sollte. Andere Kritiker griffen zu hoch und sahen es auch falsch, wenn sie Gershwin etwa als Futuristen bezeichneten, der Schönberg und Milhaud übertreffe. Osgood verstieg sich gar zu der Meinung, die *Rhapsody* sei besser als Strawinskys «Sacre du Printemps» und Honeggers «Pacific 231». [33] Olin Downes stellte in der «Times» zutreffend fest: «Diese Komposition zeigte außerordentliches Talent, so wie sie einen jungen Komponisten zeigt mit Zielvorstellungen, die weit über die Art und Weise hinausgehen, in der er mit einer Form ringt, deren Meister er noch lange nicht ist.» [34]

Auch wenn das finanzielle Ergebnis schlecht aussah – Whiteman verlor an dem Konzert 7000 Dollar, verdiente aber schon im folgenden Jahr eine sechsstellige Dollarsumme an der *Rhapsody* –, so färbte der Glanz des Erfolgs entschieden auf den Orchesterchef ab, der das gesamte Programm noch zweimal wiederholte: am 7. März in der Aeolian Hall und am 21. April – zugunsten der Amerikanischen Akademie in Rom – in der Carnegie Hall, die Gershwin damit als höchstes erstrebenswertes Ziel eines Konzertkomponisten erreicht hatte. Als singuläre Novität sprach sich die Existenz der *Rhapsody in Blue* schnell herum. Sie wurde zum Synonym eines modernen fortschrittlichen Amerikas – nicht zuletzt hatte ihre Uraufführung am Geburtstag Abraham Lincolns, des Befreiers der versklavten Südstaaten-Neger und der Vaterfigur eines neuen Amerikas, stattgefunden. Es erübrigt sich nach der bisherigen Beschreibung des Ereignisses die Anmerkung, daß die *Rhapsody* eine expandierende Wirkung ausübte; sie drang in den nächsten Jahren nach Europa vor, so nach Brüssel und Paris, scheint aber in Deutschland erst nach dem Zweiten Weltkrieg ihre Premiere erlebt zu haben. Whiteman spielte sie schon im Juni 1924 auf Schallplatte ein (ein zweites Mal am 21. April 1927 in einer knapp neunminütigen, also um die knappe Hälfte gekürzten Version[35]), und Dreyfus veröffentlichte die Partitur.

George Gershwin war bei der Uraufführung der *Rhapsody* 25 Jahre alt und nun endgültig berühmt geworden. Aber der Erfolg machte ihn nicht blind für die Realität: er schrieb weiter Musical-Comedies. 1924 folgten drei Beispiele: am 30. Juni seine vierte und letzte Ausgabe der *George White's Scandals of 1924*, am 11. September *Primrose*, das in London herauskam und eine erneute Europa-Reise Gershwins nötig machte, und am 1. Dezember die erste Produktion für das Team Alex A. Aarons und Vinton Freedley: *Lady, Be Good!* Otto Kahn wurde um finanzielle Unterstützung des Projekts gebeten, und er gab seine Zustimmung erst, nachdem es ihm ein Song, einer der verführerischsten Gershwins überhaupt, angetan hatte: *The Man I Love*. Aber schon im Ausprobierstadium des Werks vor der New Yorker Premiere, in Philadelphia, bestand Freedley darauf, daß er eleminiert wurde: er empfand ihn als ein für die Show zu retardierendes Element. Eines der ausgefallensten Gershwin-Lieder aus *Lady, Be Good*, der ersten gemeinsamen vollständigen Broadway-Show von George und Ira, ist *Fascinating Rhythm*, ein Musterbeispiel dafür, wie Rhythmus als sich verselbständigendes Element die Melodiebildung beeinflussen kann. Fred und Adele Astaire, zu der Zeit noch nicht übermäßig bekannt, erlebten ihren Broadway-Durchbruch. Adele sang den Titelsong *Oh, Sweet and Lovely Lady, Be Good*, der mit seinem witzigen Charme sofort für sich einnahm. Auf 184 Aufführungen in New York brachte es das Musical, dessen charakteristische musikalische Farbe wesentlich durch die Mitwirkung des Klavierduos Phil Ohman und Victor Arden innerhalb des Orchesters bestimmt wurde. Gershwin schätzte den klanglichen Effekt so sehr, daß er das Duo später noch oft in seinen Musicals einsetzte.

Nach 191 Aufführungen der *Scandals*, dem entschiedenen Londoner Rehabilitations-Erfolg mit *Primrose* (nach dem mißglückten *The Rainbow* aus dem Vorjahr), dem Broadway-Renner *Lady, Be Good* und natürlich der *Rhapsody in Blue* war 1924 ein Glücksjahr für Gershwin. Das folgende wurde nicht weniger bedeutungsvoll, weil es dem Komponisten seine zweite Erfahrung auf dem Konzertsektor einbrachte. Zunächst aber arbeiteten die Brüder mit Buddy DeSylva an den Songs für das Musical *Tell Me More*, das wieder Aarons produzierte und das zunächst *My Fair Lady* hatte heißen sollen. Seine Laufzeit von einem knappen Monat verlief enttäuschend, allerdings entschädigte der Aufführungserfolg in London ab 26. März 1925. Gershwin war wieder nach England gereist, und auf einem Abstecher nach Paris lernte er auf einer Abendgesellschaft bei Jules Glaenzer Francis Poulenc und den Pianisten Jean Wiéner kennen.[36]

Auf dieser Reise arbeitete er bereits an seinem *New York Concerto*, das Anfang des Jahres Walter Damrosch bei ihm für die New York Symphony

Society in Auftrag gegeben hatte. Damrosch (1862–1950), gebürtiger Breslauer, einer der bedeutenden und einflußreichsten Dirigenten Amerikas, leitete die von seinem Vater gegründete Symphony Society, das Konkurrenzunternehmen der New York Philharmonic. Gershwin hatte einen regulären Vertrag mit der Symphony Society und seinem Präsidenten Harry Harkness Flagler geschlossen und sich die Mitwirkung als Solist in dem *Concerto* für New York, Washington, Philadelphia, Baltimore und Brooklyn gesichert. Er arbeitete an dem Werk in dem neuen fünfstöckigen Wohnhaus, das er für sich und die ganze Familie an der 103. Straße nahe dem Riverside Drive erworben hatte. Aber diesmal wurde es ihm auch hier zu turbulent, so daß er sich zum Arbeiten Zimmer im nahegelegenen «Whitehall Hotel» mietete. Und im Juli zog er sich nach Chautauqua zu seinem Freund, dem Pianisten Ernest Hutcheson, zurück.

Mit Walter Damrosch

Die Arbeit an dem neuen Stück, das er endgültig *Concerto in F* betitelte, geriet komplex dadurch, daß er diesmal auch die Orchestrierung selbst besorgte. Er schrieb zunächst nach seiner Gewohnheit eine Version für zwei Klaviere und begab sich danach ans Instrumentieren, das er schon in *Primrose* an einigen Nummern erprobt hatte. Eine unterstützende Hilfe bildete für ihn das Lehrbuch «Orchestration» (London und New York) des englischen Komponisten Cecil Forsyth (1870–1941). Die Partitur wurde am 10. November 1925 abgeschlossen. Gershwin mietete für eine Probe das Globe Theatre und ein Orchester von 60 Personen, das sein Freund William Daly leitete, und ließ das *Concerto* zu seiner persönlichen Kontrolle durchspielen, mit ihm selbst am Klavier. Damrosch wohnte der Probe bei, die den Komponisten nur zu wenigen Korrekturen veranlaßte. Hauptsächlich wurden in allen Sätzen einige Kürzungen vorgenommen; im dritten Satz wurde außerdem ein Metrum von einem Dreier- in einen Vierertakt geändert. Danach begannen die Vorbereitungen für die Uraufführung am 3. Dezember. Das Orchester konnte sich nur langsam an den Stil dieser Musik gewöhnen. In dem endgültigen Programm war Gershwins Konzert zwischen Glasunows fünfter Symphonie und der «Suite anglaise» von Henri Raubaud placiert.

George Gershwin eroberte mit seinem *Concerto* endgültig die Carnegie Hall, die Konzertstätte des klassischen Repertoires. Damrosch hatte eine gut gemeinte, aber definitorisch falsche Einführung für das Programmheft geschrieben. Er griff die Legende vom symphonischen Jazz auf und sprach nun von Jazz in klassischer Konzertform. An eine Fortsetzung der *Rhapsody in Blue* hatte Gershwin jedoch nie gedacht und damit weite Kreise seiner Anhängerschaft gewiß enttäuscht. Die Dreisätzigkeit des Werks verwies vielmehr auf klassische Vorbilder, und auch die Analyse im einzelnen belegt dies: pauschal gesagt ist der Kopfsatz in der Sonatenhauptsatzform, der zweite als dreiteilige Liedform und das Finale als Rondo angelegt. Einer Zeitung hatte Gershwin sein Werk knapp beschrieben und den Charleston-Rhythmus im ersten Satz, die bluesartige Atmosphäre des zweiten und die rhythmische Orgiastik des dritten hervorgehoben – Elemente, die im klassischen Konzertmodell unüblich sind. Aber der instrumentale Aufbau des Orchesters ist rein klassisch gehalten, nicht einmal Saxophone finden Verwendung. Dem widerspricht auch nicht die dezidierte Verwendung des Schlagapparats einschließlich eines Jazzbesens für die Rührtrommel. Unüberhörbar bleibt hingegen der unterhaltsam-volkstümliche Charakter des Konzerts mit seinem oft wie trickreich-gespreizt wirkenden Solopart, dessen virtuose Aufbereitung viele scheinimprovisatorische Züge trägt. Qualitätsschwankungen zwischen den drei Sätzen lassen sich nicht übersehen. So folgt der dritte konventionelleren Vorstellungen, während der erste allein durch seinen Beginn mit dem Thema in der Pauke einen ungewöhnlichen Weg einschlägt und der zweite auch instrumentationstechnisch, vor allem aber in mu-

Mit Alex Aarons

sikalischer Hinsicht als ausgesprochen delikat empfunden bezeichnet werden kann. Unbezweifelbar bleibt die *Rhapsody* der genial-unbekümmerte Wurf, ausgestattet mit den Merkmalen des schlagerartigen Evergreens, eine Bündelung von Vitalität und Lebensfreude. Demgegenüber gibt sich das *Concerto* verspielter, aber in sich geordneter als die *Rhapsody*, reifer auch und nie reißerisch.

George Gershwins Konzentrationsfähigkeit war so ausgeprägt, daß er Ablenkungen nicht fürchten mußte und an mehreren Projekten gleichzeitig arbeiten konnte. Könnte man sich vorstellen, er wäre mit der Ausarbeitung des Klavierkonzerts für Monate ausgelastet gewesen, so liefen in Wirklichkeit parallel dazu intensive gemeinsame Anstrengungen mit Ira, um an den Songs für das von Aarons und Freedly produzierte Musical *Tip-Toes* zu arbeiten, das nur 25 Tage nach der *Concerto*-Uraufführung im Liberty Theater herauskam. Und nicht genug damit – zwei Tage später, am 30. Dezember 1925, hatte *Song of the Flame* im Theater an der 44. Straße Premiere. Überzeugte *Tip-Toes* in jeder Beziehung, besonders auch dank der Delikatesse von Ira Gershwins Texten, so blieb *Song of Flame* eine blasse Eintagsfliege. Gershwin hatte nur zwei Lieder allein komponiert, die restlichen gemeinsam mit Herbert Strothart. Die Songtexte und das Buch stammten von Otto Harbach und Oscar Hammerstein II. Da die Geschichte zwischen Moskau und Paris spielt, hatte sich Gershwin bemüßigt gefühlt, seiner Musik eine Art slawisches Idiom zu geben, was von vornherein als Stilkopie wirken und mißlingen mußte. Vor allem hatte sich hier ausgewirkt, daß Ira als Songtexter fehlte, was von jetzt an bis zum Tod George Gershwins nicht mehr der Fall sein würde. Trotz aller Qualitätseinwände erreichte *Song of the Flame* 219 Aufführungen, 25 mehr als *Tip-Toes*.

Anfang 1926 begab sich Gershwin mit seinem Produzenten Aarons erneut nach England, wo *Lady, Be Good* mit den Geschwistern Astaire den New Yorker Erfolg fortsetzen sollte. Drei Songs wurden neu eingefügt, darunter das alte *Something about Love* (mit dem Text von Lou Paley) und das bekannte *I'd Rather Charleston* (mit Desmond Carter) für die Astaires. Das Musical ging am 29. März in Liverpool für zwei Wochen in die Voraufführungsserie. So reiste George zwischendurch nachweislich zu einem erneuten Abstecher nach Paris, wo er mit Robert und Mabel Schirmer eine Woche verbrachte. Dabei entstand die Idee für die Orchesterkomposition *An American in Paris*. Gershwin notierte den ersten Einfall, das Promenaden-Thema, und gestand den Schirmers, es sei so vollständig in sich, daß er vorerst nicht weiter wüßte.[37] Jedenfalls schrieb er wie zur Selbstaufmunterung die Anfangstakte auf ein signiertes Porträt-Foto für die Schirmers. Aber er muß auch jetzt schon weiterführende Vorstellungen gehabt haben, denn er kaufte bei seinen Besichtigungstouren durch Paris Taxi-Hupen, die in der späteren Komposition ihre exotische akustische Rolle spielten. Am 11. April kehrte Gershwin nach England zurück und nahm die Schirmers mit. Am nächsten Nachmittag gab Paul Whiteman sein erstes Gastkonzert in der Albert Hall. Beim Vortrag der *Rhapsody* war Gershwin verärgert über die Tempi, die sich von denen der Uraufführung erheblich unterschieden. Am 13. April sahen Gershwin und die Schirmers eine Ballettaufführung der *Rhapsody* im Midnight Follies Cabaret im «Hotel Metropole» und hatten einen guten Gesamteindruck; allerdings fiel die musikalische Interpretation mäßig aus.[38] Dann kam die Premiere von *Lady, Be Good*, über deren Aussichten auf Erfolg

Aarons sich nicht verschätzt hatte. Gershwin nahm die ungeteilte Zustimmung des Publikums mit den Astaires entgegen und kehrte Ende des Monats mit Aarons nach New York zurück. Auf der Fahrt enstand ein neuer Musical-Plan.

Die Londoner Revue-Sängerin Gertrude Lawrence, bekannte Musical-Größe, die 1924 und 1925 bei ihren New Yorker Auftritten in «André Charlot's Revues» begeistert hatte, sollte von Aarons und Freedly wieder nach Amerika verpflichtet werden. Sie hatte gleichzeitig ein Angebot von Ziegfeld für eine seiner Follies, zog aber die Aarons-und Freedly-Produktion wegen Gershwins Beteiligung als Komponist vor. Nachdem die Brüder für die Show «Americana», die am 26. Juli im Belmont Theater herauskam, ihren Song *That Lost Barber Shop Chord*, der als einer ihrer besten überhaupt gilt, geschrieben hatten, konzentrierten sie sich auf das neue Musical. Der Titel wurde viermal umbenannt, bis man sich nach

Gertrude Lawrence

*Marguerite
d'Alvarez*

Mayfair, Miss Mayfair und *Cheerio* auf *Oh, Kay!* einigte. Ira und George, inzwischen zum Erfolgsteam des Broadway avanciert und ein Markenzeichen in ihrer Branche, arbeiteten begeistert an dem neuen Opus. Die Zusammenarbeit spielte sich wie immer bei ihnen so ab, daß George, angeregt durch den vom Buch vorgegebenen Handlungsverlauf, Melodien, ja Strophen und ganze Songs erfand und Ira danach die Liedtexte, entsprechend dem musikalischen Charakter, dichtete.

In der Endprobenphase im Oktober 1926 stieß Gershwin auf den Roman «Porgy» von Edwin DuBose Heyward. Der amerikanische Autor, 1885 geboren in Charleston, 1940 in Tyron gestorben, namhafter Romancier und Filmdrehbuchautor, hatte seinen Bestseller «Porgy», in dem er die Welt der Südstaaten-Neger beschreibt, 1925 veröffentlicht (1930 erschien er auf deutsch). Gershwin war von dem Buch fasziniert, besonders von Klangbeschreibungen, so daß er die mögliche Verbindung mit Musik deutlich empfand. Er las es in einem Zug durch und schrieb einen Brief an den Autor, in dem er ihm eine Oper nach dem Roman vorschlug. Heyward antwortete sofort zustimmend; aber seine Frau Dorothy hatte zu der Zeit an einer Dramatisierung des Stoffs zu arbeiten begonnen – ein Vorgang, der nicht gestört werden durfte. Gershwin war keineswegs irritiert und verschob sein Vorhaben. Bis zur Uraufführung der Oper gingen noch neun Jahre hin.

Am 18. Oktober 1926, dem 150. Geburtstag der USA, hatte *Oh, Kay!* Vorpremiere in Philadelphia und schlug voll ein. Am Tag darauf starteten die Gershwins, die ab jetzt meistens als Trio reisten – Ira hatte am 14. September 1926 Leonore Strunsky geheiratet –, nach Atlantic City, wo sie mit dem Produzenten Edgar Selwyn Pläne für *Strike Up the Band* diskutierten. Auch mit den Heywards konnten sie hier erste persönliche Kontakte aufnehmen.

Am 8. November kam *Oh, Kay!* im New Yorker Imperial Theater heraus. Die Gershwins erlebten dabei eine Laufzeit wie bei keinem ihrer Stücke bisher. Sicher war das auf die Starbesetzung mit Gertrude Lawrence und dem Komiker Victor Moore zurückzuführen, die die belanglose Komödienhandlung ebenso adelten wie das Gershwin mit seiner Musik getan hatte, von der nur die Songs *Clap Yo' Hands, Do-Do-Do* und besonders *Someone to Watch over Me*, einer der unvergänglichen Standards vieler großer Jazzmusiker, genannt seien. Übrigens hatte Gershwin hier wie für viele andere seiner Musical-Comedies auch eine größere Anzahl Songs geschrieben, die bei der Aufführung gestrichen wurden. Es war mit seiner Ideenfülle offenbar unvereinbar, an einem Lied länger herumzufeilen. Gefiel es nicht auf Anhieb, legte er es beiseite und komponierte lieber ein neues. Auch bei unumgänglichen Kürzungen – Striche ergeben sich oft erst bei den szenischen Durchlaufproben, wenn der Spannungsverlauf des Stücks im ganzen abschätzbar wird – sperrte er sich entsprechenden Ansinnen niemals, sondern verfuhr kooperativ mit Produzent und Regisseur, immer die zündende Wirkung der Show, ihre Publikumsträchtigkeit im Auge.

Ende des Jahres 1926 trat Gershwin erneut als Komponist mit höheren Ambitionen auf. Er hatte in der Zwischenzeit kurze Klavierstücke geschrieben, die er Noveletten nannte. Zwei hatte der polnische Geiger Samuel Dushkin, der mit Strawinsky 1931 in Berlin dessen Violinkonzert zur Uraufführung brachte, für sein Instrument bearbeitet und unter dem Titel *Short Stories* im Rahmen eines Violinabends am 8. Februar 1925 in New York vorgestellt. 1926 tat sich Gershwin, wie drei Jahre vorher mit Eva Gauthier, nun mit der peruanischen Sängerin Marguerite d'Alvarez zusammen. Er begleitete sie am 4. Dezember im New Yorker Hotel «Roosevelt» in Liedgruppen von Kern und von ihm selbst, spielte mit Isidore Gorn die *Rhapsody* an zwei Klavieren, präsentierte aber vor allem fünf eigene Klavierstücke (bei einer Wiederholung des Recitals am 16. Januar 1927 in der Symphony Hall in Boston waren es sechs). Drei von ihnen veröffentlichte er als *Preludes for Piano* und widmete sie William

Daly. Das sechste, von Ira *Sleepless Night* betitelt, obwohl es ohne Text geblieben ist, befindet sich unter den unveröffentlichten Manuskripten. Die *Preludes* sind Gershwins einzige Originalkomposition für Klavier allein. Zwei schnelle, rhythmisch zugespitzte, nervige Stücke rahmen ein bluesartiges langsames, dessen monoton gleichbleibende Begleitung in der linken Hand wie eine Vorwegnahme von Ravels langsamem Satz aus dessen G-Dur-Klavierkonzert anmutet. Gershwin entfernte sich in den *Preludes* von seinem Songstil und schuf eine genuin instrumentale Musik, die, wenn er die Serie fortgesetzt hätte, ein aufschlußreiches Gegenbild zum Beispiel zu den Préludes Rachmaninows ergeben haben würde. Leider sind die drei Stücke viel zu kurz, als daß sie in Klavierabenden als eigenständige Gruppe Gewicht haben könnten. Sie wirken wie ein unein-gelöstes Versprechen auf Kommendes und bleiben deshalb im Stadium von Studien.

Gershwin hatte sich jetzt als freier Komponist etabliert und konnte sich auf größere Projekte einrichten. Zehn Jahre sollten ihm noch bleiben. Er genoß die Rolle seiner Berühmtheit voll, und er war wohlhabend gewor-den, wenn nicht reich. Mit seinem Bruder Ira bildete er ein nicht zu über-bietendes Team auf dem Gebiet des musikalischen Unterhaltungsthea-ters. Dennoch war auch er vor Überraschungen und Fehlschlägen nicht sicher, wie gerade das Jahr 1927 zeigte. Im April hatte er die *Rhapsody* mit Whiteman erneut auf Schallplatte aufgenommen, und im selben Mo-nat mietete er sich mit Ira und dessen Frau ein Landhaus in Ossining bei New York, weil er dem Trubel, der meistens im fünfstöckigen Haus an der 103. Straße herrschte mit einer gemischten Gesellschaft aus Verehrern, echten und unechten Freunden, Nichtstuern, Spielern, Flaneuren, zu-mindest zeitweise entgehen wollte. Gershwin zog Menschen an, brauchte Gesellschaft und konnte sogar unter Lärmbelästigung relativ gut arbei-ten. Dennoch suchte er zuweilen Sammlung und Konzentration. In dem Landhaus war die Bedingung dafür günstig, obwohl auch hier wieder open house herrschte, nachdem sich Gershwins Aufenthaltsort herumge-sprochen hatte.

Im Frühjahr 1927 standen eine Reihe von Aufführungen des *Concerto* mit Gershwin als Solist auf des Komponisten Programm. So spielte er etwa im März mit dem Cincinnaty Symphony Orchestra unter Leitung von Fritz Reiner.

Polit-Musical, Europa-Reise

Am 26. Juli 1927 trat Gershwin als Solist der *Rhapsody* und des *Concerto* unter Willem van Hoogstraten im Lewisohn-Stadion auf. Dabei bestätigte sich, wie sehr er mittlerweile auf Massen wirkte. (Diese Massenwirkung wurde nur noch überboten bei seinem Dirigier-Debüt an gleicher Stelle zwei Jahre später.) Nach dem Auftritt wurde die Zeit günstig zum Arbeiten: das Projekt der Gershwins hieß *Strike Up the Band*, sein Produzent wurde Edgar Selwyn. Das Stück blieb in dieser ersten Fassung erfolglos. Es startete Ende August in Long Branch (New Jersey) und hatte einige Tage später Premiere in Philadelphia. In der ersten Woche betrug die Kasse 17000 Dollar, in der zweiten nur noch 9000 Dollar. Dann schwanden die Zuschauer zunehmend, so daß das Shubert Theater am Ende leer war. Selwyn glaubte an das Stück, er würde es nach New York gebracht haben, wenn er das nötige Geld zur Verfügung gehabt hätte. An der Musik konnte der Mißerfolg kaum liegen, wenn man allein an die Titelnummer *Strike Up the Band* mit ihrer Zündkraft oder an *The Man I Love* – hier wieder probehalber eingefügt – denkt. Auch das Buch von George S. Kaufman erwies sich als einfallsreich und griffig geschrieben. Schuld am Mißerfolg war vielmehr der Grundcharakter des Stücks, dem die Kritik eine erfrischende Abkehr von der üblichen Routine bescheinigte. Es handelte sich um eine Satire, für deren Stil Amerika erst nach dem Börsenkrach von 1929 reif werden sollte. Im Inhalt geht es um einen Krieg, einen Käsekrieg sozusagen, zwischen Amerika und der Schweiz, dessen Auslöser eine erhöhte Einfuhrsteuer für Schweizerkäse ist. Hinein spielt eine Liebesgeschichte zwischen der Tochter des amerikanischen Käsefabrikanten und einem Journalisten, dessen Glaubwürdigkeit erschüttert ist, weil er eine Schweizer Uhr trägt. Natürlich war das Ganze nicht ernst zu nehmen, aber der satirische Grundtenor besaß eine zeitkritische, entlarvende Wirkung und eine deutliche Antikriegstendenz. Die Gershwins und Kaufman hatten so gezielt an diesem Projekt gearbeitet, daß Ira ausnahmsweise seine Texte vorher schrieb und erst danach George zur Vertonung gab. Aber eine Qualität wie in *Strike Up the Band* entsprach kaum dem Unterhaltungsbedürfnis des Publikums, das nichts von Kriegsgewinnlertum und Pazifismus mitten in einer Phase saturierten Wohlergehens wissen wollte.

George Gershwin war 1927 übrigens nochmals an den *George White's Scandals* beteiligt: seine *Rhapsody in Blue* bildete das Finale des ersten Akts in dieser Revue.

Die nächste Musical-Comedy nach *Strike Up the Band* entwickelte sich wiederum nicht störungsfrei. Aarons und Freedley wollten erneut die Astaires nach ihrem *Lady, Be Good!*-Erfolg in London in den Mittelpunkt einer Show stellen. *Smarty* sollte das Stück heißen, das der Theaterkritiker Robert Benchley mit Fred Thompson geschrieben hatte und das bei der Philadelphia-Premiere am 17. Oktober mißfiel. Auch die Songs stießen bei den Produzenten auf Kritik. Die Folge war: ein neuer Buchautor wurde verpflichtet, zu Fred Thompson kam Paul Gerard Smith, und die Gershwins feilten an der Musik und den Songtexten herum. In sechs Wochen entstand praktisch ein neues Stück unter dem neuen Titel *Funny Face*. Schließlich ging es um die Eröffnung eines neuen Theaters, das Aarons und Freedly in der 52. Straße erworben hatten und das sie nach den ersten Silben ihrer beiden Vornamen (Alex und Vinton) Alvin Theater nannten. *Funny Face* kam dort am 22. November 1927 prunkvoll heraus. Die Astaires und Victor Moore ergötzten als Spitzenbesetzung das Publikum, im Orchestergraben saß wieder das Klavierduo Ohman/Arden unter den Musikern. Um sich die musikalische Qualität, ja den Ausnahmerang von Gershwins Arbeit zu vergegenwärtigen, müssen nur drei Titel genannt werden: der stimulierende Titelsong *Funny Face*, das rhythmisch behaglich wiegende *'s Wonderful* und das schmeichelnde *He Loves and She Loves*, von denen *'s Wonderful* zweifellos zu den herausragenden Song-Erfindungen Gershwins zählt. *Funny Face* erlebte eine Laufzeit von 244 Vorstellungen, einer ihrer Bewunderer wurde Maurice Ravel, der das Musical Anfang 1928 in New York anläßlich seines Amerika-Besuchs kennenlernte.

Mit leichter Hand entledigte sich Gershwin der nächsten Aufgabe. *Rosalie* hieß das mixtum compositum aus Operette, Revue und Musical-Comedy, zu dem inhaltlich der Besuch der Königin Marie von Rumänien 1926 den Anstoß gegeben hatte. Florenz Ziegfeld wollte bei dieser Gelegenheit Marilyn Miller als Star präsentieren und bat die Gershwins um ihre Beteiligung an dem Unternehmen mit Songs von Sigmund Romberg auf Texte von P. G. Wodehouse. Gershwin, der immer ein guter Resteverwerter war, benutzte Lieder, die in *Oh, Kay!*, *Strike Up the Band*, *Funny Face* und *Primrose* keine Verwendung gefunden hatten und die Ira umtextete. Auch einige neue Nummern steuerten die Brüder bei, so *New York Serenade* und *Say So!*. Ziegfeld, seit 1907 im Unterhaltungsgeschäft tätig, übte genug Anziehungskraft aus, um ein illustres Publikum für die Premiere am 10. Januar 1928 zu mobilisieren. Bürgermeister Jimmy Walker ließ es sich nicht nehmen, in der Pause in einer kurzen Ansprache *Rosalie* zu preisen, was zusätzliche Wirkung machte. Das Opus er-

Jack Donahue, Gershwin, Sigmund Romberg, Marilyn Miller und Florenz Ziegfeld, 1928

lebte 335 Aufführungen, Ziegfeld hatte wieder einen seiner gewohnten Erfolge.

Am 7. März 1928 gab Eva Gauthier in New York eine Abendgesellschaft zu Ehren Maurice Ravels, der an diesem Tag 53 Jahre alt wurde. Der Komponist hatte eine Konzerttournee durch die Staaten beendet und darum gebeten, auf der Party Gershwin zu treffen. Das berühmt gewordene Foto, das bei dieser Gelegenheit entstand, zeigt Ravel am Flügel mit der Gastgeberin, außerdem Gershwin und die Dirigenten Oscar Fried und Tedesco von Neapel, Chef des San Carlo-Orchesters. Gershwin spielte zum Vergnügen Ravels und der übrigen Gäste fast den ganzen Abend nach seiner Gewohnheit und wie man es nun schon erwartete, wenn er anwesend war. Von diesem Treffen ist die Anekdote überliefert, Gershwin habe Ravel um Unterricht gebeten, was dieser verweigerte mit dem Hinweis, ein Gershwin brauche kein zweiter Ravel zu werden. Für Gershwins bevorstehende Europa-Reise gab er ihm eine Empfehlung an Nadja Boulanger. Mabel Schirmer berichtet von ihrem gemeinsamen Besuch bei der berühmten Pädagogin, die Gershwin als Schüler mit der Begründung ablehnte, er besitze ein natürliches musikalisches Talent, das sie um nichts zu zerstören wage.[39]

Am 11. März 1928 schifften sich die Gershwin-Brüder mit ihrer Schwester Frances und Iras Frau Leonore nach Europa ein. London erreichten sie rechtzeitig, um die letzte Vorstellung von der hier laufenden *Oh, Kay!*-Produktion miterleben zu können. Sie trafen viele Freunde – Dreyfus, Kern, Vincent Youmans, Robert Russell Bennett (der später die bekannte Medley-Fassung aus *Porgy and Bess* arrangierte). Sie waren Gäste bei Lady Mountbatton, die seinerzeit den Song *The Man I Love*, als er in *Lady, Be Good!* gestrichen worden war, in London dem Berkeley Square Orchestra vermittelt hatte. Dadurch wurde das Lied bekannt, und damit war auch seine Verbreitung in Paris gesichert. Gershwin traf in dem mondänen «Kit Kat»-Nachtclub den Herzog von Kent, den Sohn König Georgs V., wieder, mit dem er schon 1924 Bekanntschaft geschlossen hatte. Er genoß es, in London fast so berühmt zu sein wie in New York.

Am 25. März ging es über den Kanal nach Paris, wo Mabel und Robert Schirmer die Gershwins empfingen. Das «Majestic Hotel» war ihr Quartier, wo Gershwin große Teile des *American in Paris* komponierte. Der

Abendgesellschaft bei Eva Gauthier am 7. März 1928 mit Maurice Ravel an dessen 53. Geburtstag (über Eva Gauthier der Dirigent Oscar Fried, Gershwin rechts)

Mit Alexandre Tansman, Rhené Baton und dessen Frau (von rechts)

Komponist Alexandre Tansman (1897–1986) wurde in Paris sozusagen zu seinem Cicerone. Am 27. März fand eine wohl historisch zu nennende Begegnung mit dem Kolisch-Quartett in Gershwins Hotelzimmer statt, wo die Wiener Musiker Streichquartette von Schönberg und Schubert für ihn spielten. Tansman lud ihn dann mit dem Komponisten Jacques Ibert und Dmitri Tiomkin ein. Tiomkin (1899–1979), später ein berühmter Filmkomponist in Hollywood («High Noon», «Rio Bravo», «Land of the Pharaohs»), der für Regisseure wie Alfred Hitchcock, Howard Hawks oder Fred Zinnemann arbeitete, begann seine Karriere als Pianist. Er sollte am 29. Mai 1928 die Pariser Erstaufführung des *Concerto in F* unter Wladimir Golschmann spielen. Die Gershwins erlebten das Ereignis nach ihrer Rückkehr aus Wien mit. Es gab weiterhin Begegnungen mit Ravel, Poulenc, Milhaud, Strawinsky (den George schon 1925 in Amerika kennengelernt hatte) und Serge Prokofieff, der ihm ins Gewissen redete und ihm riet, sich vom leichten Leben abzuwenden zugunsten ernsthafterer Kompositionsarbeit.[40] Ibert gegenüber bekannte Gershwin, er wisse nicht viel und wolle etwas Seriöses schreiben. Auf die Gegenfrage, was er unter seriös verstehe, fielen der Name Bach und Begriffe wie Fuge und Kontrapunkt.[41]

Daneben gab es Theater- und Konzertbesuche, zum Beispiel eine Aufführung der *Rhapsody* im Rahmen eines Symphoniekonzerts zwischen Werken von César Franck, Arthur Honegger und Bach. Kurioserweise war die Solopartie auf zwei Pianisten – Wiéner und Doucet – aufgeteilt worden; Rhené Baton dirigierte das Pasdeloup-Orchester. (Die Unsitte, die *Rhapsody* mit zwei Klavieren und Orchester aufzuführen, hat übrigens Schule gemacht: 1987 ist eine Aufnahme mit Katja und Marielle Labèque und dem Cleveland Orchestra unter Riccardo Chailly erschienen, die angeblich noch von Ira Gershwin, also vor seinem Tod am 17. August 1983, sanktioniert worden ist; ein völlig sinnloser Kompromiß, weil er Gershwins Vorlage verfälscht.) Die Aufführung geriet so schlecht, daß sich Baton später bei Gershwin mit Materialschwierigkeiten entschuldigte. Glücklicher verlief eine Ballettpremiere der *Rhapsody* im Théâtre des Champs-Élysées mit dem Ballet Russe in der Choreographie des irischen Tänzers Anton Dolin.

Auf einer Abendparty bei Elsa Maxwell wurde Frances zum Singen aufgefordert. George begleitete sie; er liebte die kleine, aber charmante Stimme seiner Schwester. Der anwesende Cole Porter war von ihr so angetan, daß er sie für seine Revue im Pariser Nachtclub «Les Ambassadeurs» vom Fleck weg engagierte. Sie sang für zwei Wochen ab 10. Mai, bei der Premiere von George begleitet, als Einlage Songs ihres Bruders.

Am 22. April machten die Gershwins einen Abstecher nach Berlin, wo George Kurt Weill traf und mit Franz Lehár soupierte. Die Bekanntschaft mit Weill sollte sich nach dessen Emigration 1933 in Amerika fortsetzen. Man besichtigte das Schloß in Potsdam (wahrscheinlich Sanssouci) und sah ein jiddisches Musical, «Die Reise Benjamins des Dritten». Am 27. April reisten Gershwins weiter nach Wien. Dort kam es zu Treffen mit Emmerich Kálmán, nochmals mit Lehár und vor allem mit Alban Berg, dessen «Lyrische Suite» George interessiert in einer Privataufführung mit dem Kolisch-Quartett hörte. Aber auch Berg ließ sich von Gershwin vorspielen. Keine größeren Gegensätze als diese beiden Komponisten sind denkbar. Man weiß aber von Bergs Schwäche für leichte Musik, und zweifellos wird ihn der Einbruch von Gershwins glamour world in seine österreichisch-aristokratische Sphäre beeindruckt haben. Kaum hätte er sonst dem jungen Kollegen aus dem Reich der leichten Muse ein signiertes Exemplar seiner «Lyrischen Suite» verehrt.

George Gershwin ließ auch in Wien den Abend beim Heurigen nicht aus, besuchte die greise Witwe von Johann Strauß, die ihm für eine horrende Summe die «Fledermaus»-Partitur anbot, auf die er verzichtete, fand Gefallen an einer Aufführung von Ernst Kreneks Oper «Jonny spielt auf» in der Staatsoper. Aber vor allem schrieb er am *American in Paris*

Mit Franz Lehár

in freien Vormittagsstunden oder spät in der Nacht, auch noch nach geselligen Zusammenkünften. Nachdem er nach Paris zurückgekehrt war, um seine Schwester im «Ambassadeur» zu begleiten, gab es auch hier erneut Parties und Treffen im Freundeskreis. Elsa Maxwell und Jules

Glaenzer luden ständig zu Gesellschaften ein. Maurice Chevalier gehörte ebenso dazu wie Arthur Honegger oder Georges Auric, und auf einem Foto aus jener Zeit ist Gershwin auch mit Felix Graf Luckner zu sehen. In seinem Zimmer im Pariser Hotel «Majestic» spielte Gershwin seinen Freunden und Anhängern Bruchstücke aus dem *Amerikaner* vor. Vernon Duke, Gershwin an sich freundschaftlich verbunden, bemängelte den melodiösen Blues-Mittelteil als sacharin-süß, während der ebenfalls anwesende junge William Walton ihn bestärkte, nichts an der Passage zu ändern.[42]

Die schon erwähnte Erstaufführung des *Concerto in F* am 29. Mai hörten als prominente Zuhörer auch Serge Diaghilew, der Leiter des Ballet Russe, und Serge Prokofieff. Vernon Duke erinnert sich, daß Prokofieff zwar Gershwin mochte, aber von dem *Concerto* nichts hielt, während Diaghilew mit dem Kopf schüttelte und eine Anmerkung machte wie «guter Jazz, aber schlechter Liszt»[44], was so kapriziös klingt, wie es falsch ist. Am 30. Mai gab es eine Soirée in der Wohnung des Geigers Samuel Dush-

Mit Emmerich Kálmán (rechts neben Gershwin), Leonore und Ira Gershwin

kin, auf der dieser *Short Story* von Gershwin vortrug, wo aber vor allem Wladimir Horowitz und Gershwin abwechselnd spielten, Horowitz unter anderem seine fabulöse «Carmen»-Bearbeitung.[44] Endlich lernte George in Paris Leo Reisman (1897–1961) kennen, der in den USA ein Jazz-Unterhaltungsorchester leitete, laut Jerome Kern «das Streichquartett unter den Tanzorchestern». Reisman hatte am 19. Februar 1928 in Boston eine Art Gegenkonzert zu Whitemans historischem Konzert in der Aeolian Hall von 1924 veranstaltet und ebenfalls mit der *Rhapsody in Blue* abgeschlossen.[45]

George Gershwin verließ Paris am 3. Juni 1928 allein. Er traf seine Geschwister am 13. Juni in Southampton, von wo aus sie zusammen nach New York zurückfuhren. In London besprach er mit Gertrude Lawrence und Alex Aarons Einzelheiten für eine nächste gemeinsame Show: *Treasure Girl*. In seinem Gepäck hatte der Komponist den *American in Paris* in der fast abgeschlossenen Version für zwei Klaviere – die «New York Times» hatte das neue Werk schon am 6. Juni angekündigt – und Songs für die neue Show, an denen George und Ira an Bord des Schiffes weiterarbeiteten. Nicht genug damit begannen sie an der Show *East Is West* für Ziegfeld zu arbeiten, der sie deswegen förmlich bekniet hatte, schon in einem Telegramm nach Paris. Als die Musik zur Hälfte gediehen war, zog sich Ziegfeld aus Angst vor dem Risiko plötzlich zurück. Die Gershwins, ohne mit Ziegfeld einen Vertrag geschlossen zu haben, hatten nun das Nachsehen. Immerhin war die Musik nicht umsonst entstanden. *Embraceable You* beispielsweise wurde später in *Girl Crazy* eingesetzt.

Aarons und Freedley wollten mit *Treasure Girl* den *Oh, Kay!*- und den *Funny Face*-Erfolg fortsetzen, schließlich mußte ihr Alvin Theater sich tragen. Alle Beteiligten waren erfolgsverwöhnt. Um so überraschender kam für sie der Mißerfolg: *Treasure Girl*, ab 8. November 1928 im Alvin auf der Bühne, verschwand nach vernichtenden Pressestimmen schon vor Jahresende nach 68 Aufführungen in der Versenkung. Der tägliche und wöchentliche Kassensturz diktierte ein solches Vorgehen. Schuld an dem Desaster war wohl in erster Linie der Text, in den die Starbesetzung mit Gertrude Lawrence und Clifton Webb so eingebunden war, daß auch deren Professionalität die Situation nicht zu retten vermochte. Mißliches Zusammentreffen: Gertrude Lawrence schien gerade zu dieser Zeit in eine Finanzaffäre verwickelt zu sein und spielte auf der Bühne ausgerechnet eine geld- und stellungsgierige Person. Gershwins Musikkomödie ist untergegangen, nur einige Songs haben beträchtliche Überlebenschancen bewiesen, so *I've Got a Crush on You* oder *I Don't Think I'll Fall in Love Today*.

«An American in Paris», Tonfilm- Erfahrung, Pulitzer-Preis

Das größte Ereignis des Jahres 1928 wurde die Uraufführung der Orchester-Tondichtung – so Gershwins endgültige Untertitelung – *An American in Paris* am 13. Dezember mit dem New York Philharmonic Orchestra unter Leitung von Walter Damrosch. (Mit Beginn der Saison 1928/29 war die Symphony Society mit dem Philharmonischen Orchester fusioniert worden; Chef des Orchesters war Arturo Toscanini, Damrosch nur noch Gastdirigent.) Leopold Stokowsky hatte in Paris an dem Werk Interesse gezeigt, sich aber zurückgezogen, als er von der Option Damroschs erfuhr. Gershwin fühlte sich vom *Concerto* her quasi an Damrosch gebunden. War Damrosch aber der ideale Gershwin-Interpret? Waren und sind Dirigenten des klassischen Repertoires überhaupt ideale Interpreten der symphonischen Gershwin-Werke oder waren damals Musiker wie Whiteman, Reisman, Daly, wären heute Stan Kenton oder Kurt Edelhagen, wenn sie noch lebten, die kompetenteren Anwälte? Als Otto Klemperer ein Gershwin-Konzert dirigieren sollte, fragte ihn der Komponist, ob er überhaupt seinen Stil beherrsche. Die bissige, für Klemperer typische Antwort lautete: er habe sich an Beethoven gewöhnt, vielleicht würde es mit Gershwin auch gehen.[46] Jeder erfahrene Interpret wird wie Klemperer reagieren. Aber die Frage, ob Gershwins musikalische Situation nicht doch spezieller einzuschätzen ist, liegt nahe.

Jedenfalls wissen wir aus einem kargen, aber beredten Briefwechsel, daß Gershwin gegenüber Damrosch zunächst ausweichend reagierte, als dieser ihn am 4. Mai 1928 aufforderte, mit ihm am nächsten Abend in Paris – beide hielten sich dort auf – zu speisen. Aber für Gershwin blieb Damrosch noch immer die beste Wahl. Durch ihn wurde sein Werk repräsentativ herausgestellt, zudem in der Carnegie Hall, die Gershwin nach wie vor das Symbol für seine Aufstiegs-Ambitionen in den von ihm so genannten seriösen Musikbereich bedeutete. Damrosch dirigierte aus Gershwins Partitur-Manuskript und hatte mit dem Komponisten während der Proben einige Retuschen vorgenommen, die vor allem drei Kürzungen von insgesamt 71 Takten betrafen. (Eine Plattenaufnahme der Klavierversion des Werks mit den Schwestern Labèque präsentiert das ungekürzte Werk.)

Die Uraufführung des *Amerikaners* erntete so außergewöhnlichen

Applaus, daß man auf eine hervorragende, ganz unmittelbar wirkende Darstellung schließen kann. Das Presseecho blieb, wie oft bei Gershwin, wie immer aber bei seinen Konzertkompositionen, geteilt. Ob man Gilbert Chases These zustimmen kann – 1955 aufgestellt –, der *Amerikaner* sei «ein musikalisches Paradoxon, nämlich eine Zeitmusik, die immer zeitgemäß sein wird»[47], ist fraglich. Zeitmusik war sie sicherlich, aber zeitgemäß wohl höchstens bis 1955. Heute spiegelt sie die zwanziger Jahre wider, erfaßt Hektik mehr in der Naivität und Kindlichkeit als in deren Bösartigkeit, die auch gegeben war. Gershwin hat eine in ihrer Bescheidenheit sympathische Einführung zu dem Werk geschrieben und festgestellt, daß im *Amerikaner*, «*einem rhapsodischen Ballett*», keine bestimmten Szenen wiedergegeben sind, das Werk programmatisch nur hinsichtlich des grundlegenden Eindrucks ist und jeder Hörer das an Bildern aus der Musik heraushören kann, was ihm seine Einbildungskraft vorgibt.[48] Unverständlicherweise ließ Gershwin dennoch zu, daß Deems Taylor eine detaillierte szenische Einführung für das Programmheft schrieb, in der sogar bestimmte tageszeitliche Stimmungen und Ortsbezeichnungen fixiert sind. Das ging weit über stichwortartige Anmerkungen und Skizzen in Gershwins Originalstimme für zwei Klaviere von Januar 1928 hinaus, Anmerkungen wie *sieht Mädchen, ins Café, Unterhaltung überleitend zum langsamen Blues* usw.

George Gershwin hielt seinen *Amerikaner* für *die modernste Musik, die ich bisher versucht habe*; im Eröffnungsteil sah er eine Entwicklung *im typisch französischen Stil, in der Art von Debussy und den Six*, und um nicht der Nachahmung verdächtigt zu werden, fügte er hinzu, *obwohl die Themen alle original sind*[49]. Obwohl oder gerade weil Gershwin ein Liebhaber Debussys war – er hatte sich aus Paris mit Hilfe des Hauses Salabert, seines französischen Verlegers, eine Erstausgabe von Debussys Werken mitgebracht –, muß man ihm widersprechen: im Stil Debussys ist der Anfang des *Amerikaners* nicht gehalten. Vielmehr hört man neben Anklängen an Kompositionen der Six, also jener Komponistengruppe um Honegger, Milhaud und Poulenc, die sich gerade nicht auf Debussy bezogen (man denke an Milhauds «Le Bœuf sur le Toit»), solche an Erik Satie, etwa wenn man an dessen Ballett «Parade» denkt. Satie verwendet dort mechanische Geräusche (Sirenen, Schreibmaschinen usw.) wie Gershwin Taxihörner. Die in der Partitur des *Amerikaners* ausgearbeiteten Anregungen sind auf jeden Fall als beträchtlich anzusehen, immer auch gemessen daran, daß Gershwin auf dem Sektor des klassisch ausgedehnten Konzertstücks Autodidakt war, trotz seines Unterrichts bei Kilenyi, trotz offensichtlich sehr episodischer Lektionen zwischen 1927 und 1929 bei Henry Cowell (1897–1965), der im übrigen für Gershwins Zwecke kaum der richtige Lehrer gewesen sein dürfte.

Nach der Uraufführung des *American in Paris* fand eine rauschende Party bei Jules Glaenzer statt, auf der Otto Kahn eine Rede auf Gershwin

Otto Kahn

hielt. Er verglich ihn mit Charles Lindbergh als einem Führer der amerikanischen Jugend, meinte, er drücke den Genius des jungen Amerikaners aus, dem allerdings ein wesentliches Merkmal fehle, das sich erst durch erfahrenes Leid einstelle und dem Aufruhr eines Seelensturms entspringe. Kahn sagte dies immerhin am Vorabend der tiefgreifenden amerikanischen Depression. Er wünsche zwar, fuhr er fort, weder Amerika noch Gershwin eine Tragödie um der Läuterung ihrer Seele willen, glaube aber, daß einsame Seelenkämpfe nötig seien, um zur Vertiefung von seelischen und geistigen Kräften, gerade im Leben eines Künstlers, zu führen.[50]

Man kann den Inhalt dieser Ansprache wohl am ehesten als Aufforderung an Gershwin deuten, er möge zu weiteren wesentlichen künstlerischen Anstrengungen und Aussagen kommen wie im *American in Paris*. Mit gutem Grund kann man vermuten, daß er Gershwin zum Komponieren einer Oper stimulieren wollte. Vielleicht wußte er sogar von den vagen *Porgy*-Plänen. Auch mit Carl van Vechten hatte Gershwin seine geheime Opern-Sehnsucht erörtert. 1929 verdichteten sich entsprechende Vorhaben; neben *Porgy* kam die jüdische Volkssage vom Dybbuk ins Gespräch. Das Schauspiel des polnischen Autors Solomon Rappaport (1863–1920) sollte die Grundlage zu der beabsichtigten Oper bilden. Es kam zu einem Vertrags-Abschluß zwischen Gershwin und der Met am

30. Oktober 1929. Der Komponist plante sogar eine neuerliche Europa-Reise, um jüdische Musik zu studieren, und er soll bereits musikalische Skizzen aufgezeichnet haben, von denen aber nichts überliefert ist. Das Projekt zerrann sehr plötzlich, weil die Rechte an dem Bühnenstück Rappaports an den italienischen Komponisten Lodovico Rocca vergeben waren, der die Oper 1934 für die Mailänder Scala geschrieben hat.

Noch eine Begebenheit des Jahres 1928, wenn auch eine nichtkünstlerische, verlangt beiläufig Erwähnung. Gershwin verließ die Familiengemeinschaft im fünfstöckigen Wohnhaus an der 103. Straße und bezog ein luxuriöses Penthouse-Apartment am Riverside Drive im siebzehnten Stockwerk. Mit der nach dem letzten Schrei gewählten Ausstattung, den teuren Bildern seiner Sammlung an den Wänden und einem diskret sich bewegenden Butler demonstrierte das Ganze Gershwins Reichtum und den daraus erwachsenen Stil eines Emporkömmlings aus eigener Anstrengung – ein selbstfabriziertes Glück.

Das Jahr 1929 fiel musikalisch gesehen nicht sonderlich ergiebig aus. Die Brüder arbeiteten für Ziegfeld an *Show Girl*, Co-Autor von Ira für die Songtexte war Gus Kahn. Ein neuer Star, Ruby Keeler, sollte herausgestellt werden, die, neben prächtigem Aussehen und einem Tänzerinnen-Diplom, vor allem – wie schon erwähnt – den Vorteil für sich verbuchen konnte, gerade die neue Frau Al Jolsons geworden zu sein. Ziegfeld hatte nicht selten ein gespanntes Verhältnis zu Komponisten, er besuchte sie unangemeldet, bedrängte sie. George, der inzwischen zu malen begonnen hatte, fand er oft genug vor der Staffelei statt am Klavier. *Show Girl* kam dennoch pünktlich am 2. Juli in Ziegfelds Theater zur Premiere vor einem exklusiven Gesellschaftspublikum. Es fehlte nicht an Glanz, wohl aber am Serienerfolg, und das, obwohl Duke Ellington mit seinem Orchester spielte und Gershwin zumindest mit *Liza* einen Hit gelandet hatte, der so einschlug, daß Jolson in der Premiere vom Parkett aus zur Überraschung aller in den Refrain einfiel und seiner jungen Frau auf der Bühne huldigte.

Florenz Ziegfeld sah den geschäftlichen Erfolg seiner Produktion schwinden – es gab nur 111 Aufführungen – und verweigerte den Gershwins, von denen er sich nicht gut bedient fühlte, die Auszahlung der Tantiemen. Die Brüder verklagten ihn, worauf er eine Gegenklage anstrengte. Aber die Angelegenheit wurde schließlich friedlich geregelt.

George Gershwin brauchte ohnehin für andere Vorhaben einen freien Kopf. Anfang des Jahres hatte Nathaniel Shilkret, ein Studienfreund aus der Zeit bei Hambitzer, den *Amerikaner* im Rundfunk zur Ursendung gebracht. Gleich darauf folgte die erste Schallplatten-Einspielung des Werks, auf die der Komponist Einfluß nehmen wollte. Er beugte sich aber Shilkrets Bitte, die Proben nicht zu stören. In der Aufnahme, mit der er am Ende sehr zufrieden war, spielte er selbst die wenigen Übergangstakte auf der Celesta kurz vor dem Blues-Mittelteil und verpaßte in der Aufre-

Gershwins Dirigier-Debüt im Lewisohn-Stadion am 26. August 1929

gung den Einsatz. Diese historische Einspielung vom 4. Februar 1929, die
noch heute greifbar ist, gilt in der Ausführung durch ein kleinbesetztes
Orchester als die authentischste. Sie spielte auch eine wichtige Rolle bei
Gershwins Vorbereitungen für das Konzert am 26. August 1929 im Lewisohn-Stadion, wo er vor 17 000 Zuhörern zum erstenmal in seinem Leben
überhaupt als Dirigent auftrat und die Aufführung des *Amerikaners* lei-

67

tete. Willem van Hoogstraten dirigierte abermals das übrige Programm; Gershwin war außerdem Solist in der *Rhapsody in Blue*. Er hatte sich auf sein Dirigier-Debüt mit den New Yorker Philharmonikern sorgfältig vorbereitet mit Hilfe von William Daly und Edward Kilenyi. Kilenyi kontrollierte nach eigenem Bekunden Gershwins Dirigierhandwerk, wobei die erwähnte Schallplatte die Grundlage für die Studien bildete.[51] Das Konzert wurde ein riesenhafter persönlicher Erfolg für Gershwin. Man feierte ihn als den populärsten Komponisten der Zeit, was auf den Dirigenten abfärbte. So bekam er Spaß an diesem Metier, das er wohl mehr gefühlsmäßig betrieb, da es – wie eigentlich alles bei ihm – weniger auf solider Ausbildung als auf geschickt genutzter Einfühlung beruhte. Er bewegte sich jedenfalls virtuos in seiner neuen Rolle und nahm weitere Dirigier-Aufforderungen an. So leitete er im November eine Aufführung

Probe mit den Los Angeles Philharmonikern

Ira und George Gershwin mit
George S. Kaufman (links) und Morrie Ryskind

des *Amerikaners* mit dem Manhattan Symphony Orchestra im Mecca
Temple, dem heutigen City Center in der 55. Straße. Ab Januar 1930 dirigierte er auch Aufführungen seines Theaterstücks *Strike Up the Band*,
und seinen Weg zum Pult im Orchestergraben ließ er mit Trompetensi-
gnalen und Verfolger-Scheinwerfern begleiten, was Spannung und Applaus bewirkte, die er liebte.[52]

Für den Rest des Jahres 1929 arbeiteten die Brüder an einer Neufas-
sung von *Strike Up the Band*, gut zwei Jahre nach der gescheiterten ersten
Version. Edgar Selwyn, der Produzent des Werkes von 1927, wollte einen
neuen Anlauf nehmen. George S. Kaufmans Buch ließ er von Morrie

Ryskind überarbeiten, und das lief auf eine Einebnung des ehedem mit Schärfe pointierten Librettos hinaus. Aus der Käseaffäre zwischen der Schweiz und Amerika wurde jetzt eine Schokoladengeschichte. Ira hatte diesen versüßlichenden Effekt vorgeschlagen. Außerdem wurde die kriegerische Auseinandersetzung als Traumsequenz angelegt. Das Publikumsinteresse für die Handlung hatte sich unter dem Einfluß der äußeren Umstände in den USA, der desolaten Innenpolitik mit der Depression und dem Riesenheer von Arbeitslosen, geändert. So war das Buch nun schwächer geworden, aber in kommerzieller Hinsicht zugkräftiger. Auch die Musik wurde geändert, entstand zu großen Teilen neu. *The Man I Love* wurde wieder eliminiert, *I've Got a Crush on You* war eines der neuen Highlights, das allerdings aus *Treasure Girl* übernommen war. Dem schwächeren Libretto stand eine stärkere Partitur gegenüber, um die sich Gershwin bei den folgenden Serienaufführungen immer wieder selbst kümmerte. Was als Einstieg in die politische Satire auf Musical-Basis 1927 mißlungen war, gelang nun mit erzwungenen Kompromissen. Gershwins Arbeit war eine neue Dimension zugewachsen, und sie wurde akzeptiert und honoriert.

Im übrigen kann man konstatieren, daß die Depression mit anschließender Weltwirtschaftskrise im Leben Gershwins nicht die geringste Rolle gespielt hat. Der Komponist und sein Bruder blieben von den allgemeinen Auswirkungen dieser doch einschneidenden wirtschaftspolitischen Zäsur völlig verschont. Sie waren finanziell so unabhängig, daß sie sich in ihrem Lebensstil nicht im geringsten verändern oder gar einschränken mußten. Selbst die rückläufige Tendenz im Theatergeschäft am Broadway erreichte sie nicht.

Das Jahr 1930 brachte die erste Berührung beider Gershwins mit dem Film, wenn man von einem Song absieht, den sie 1923 für den Film «Sunshine Trail» von Thomas H. Ince beigesteuert hatten. Jetzt unterzeichneten sie im April einen Vertrag mit der Fox Film Corporation für ein Film-Musical mit dem Titel «Delicious». Das Filmbuch stammte von Guy Bolton und Sonya Levien, die Schauspielerbesetzung stimmte verheißungsvoll. Die Filmindustrie versicherte sich für das noch junge Medium Tonfilm gern namhafter Broadway-Komponisten. Gershwin bekannte vorab öffentlich, vom Film nichts zu verstehen; er nähere sich der Sache mit Demut. Das nahm die Filmleute für ihn ein. Die Ertragsseite sah 70 000 Dollar für George, 30 000 Dollar für Ira vor. Aber vor dem Start nach Kalifornien gab es noch andere Aufgaben. Im Zusammenhang mit der Premiere des Films «The King of Jazz», der Whiteman gewidmet war und für den sich Gershwin die Rechte an der *Rhapsody in Blue* mit 50 000 Dollar hatte bezahlen lassen, trat er eine Woche lang mit der Whiteman-Band als Solist in Roxy's Cathedral für eine Gage von 10 000 Dollar auf. Vorher hatten die Brüder noch an *Girl Crazy* für Aarons und Freedley im

Frances Gershwin und ihr Mann Leopold Godowsky jr.

Alvin Theater mit dem Premierentermin 14. Oktober zu arbeiten. Das
wurde, im Gegensatz zum gehobeneren Anspruch von *Strike Up the
Band*, noch einmal ein wenn auch mit ironischen Seitenhieben auf die alte
Wild-West-Romantik ausgestattetes Unterhaltungs-Musical. Die recht
banale Handlung hatte Gershwin durch eine Musik veredelt, in der sich
die Erfolgsnummern aneinanderreihen. Nur zwei seien genannt, die
künftig im Jazz als Improvisationsvorlagen zum eisernen Bestand gehören sollten: *Embraceable You* und *I Got Rhythm*. Die Besetzungsliste
prunkte mit Namen wie Ethel Merman und Ginger Rogers, die 1932 –
nach der Heirat Adele Astaires mit einem englischen Lord – Fred
Astaires feste künstlerische Partnerin werden sollte. Im Orchestergraben
saß das von Gershwin in der Premiere dirigierte Orchester des Trompe-
ters Red Nichols, unter dessen Mitgliedern keine Geringeren als die Kla-
rinettisten Benny Goodman und Jimmy Dorsey, die Posaunisten Glenn
Miller und Jack Teagarden und der Schlagzeuger Gene Krupa zu finden
waren.

Vor der *Girl Crazy*-Premiere war Gershwin zum drittenmal Mittelpunkt eines Abends im Lewisohn-Stadion. Am 28. August dirigierte er
dort wieder den *Amerikaner* und spielte unter Willem van Hoogstraten
Rhapsody in Blue und das *Concerto in F*. Die Zuschauerzahl betrug
13 000.

Überraschend für die Familie heiratete am 2. November 1930 Frances

Gershwin Leopold Godowsky, den Sohn des berühmten Pianisten, wenige Stunden vor der Abreise ihrer Eltern zu einem Florida-Urlaub. Drei Tage später starteten George, Ira und Leonore Gershwin nach Kalifornien, wo sie in Beverly Hills ein Haus mieteten, in dem früher Greta Garbo gewohnt hatte. Die Filmbranche, vor allem seit Entwicklung des Tonfilms ab 1926 und nach dem Wirtschaftszusammenbruch, der zur Schließung vieler Broadway-Theater geführt hatte, wußte ihre Chance zu nutzen. Sie setzte auf schiere Unterhaltung und tat im Grunde nicht mehr, als das Broadway-Theater mit anderen Mitteln auf der Filmleinwand weiterzuführen. Deshalb hieß man die Show-Größen aus New York an der Westküste willkommen, und diese machten dort lukrative Geschäfte. Die Gershwins waren von der Depression – wie gesagt – allerdings sowieso nie betroffen. Ihr *Girl Crazy* lief zu der Zeit uneingeschränkt und machte Kasse – bei 272 Aufführungen nicht verwunderlich.

Über die Hollywood-Zeit existiert Gershwins Ausspruch, er habe hart gearbeitet, aber auch sein Golfspiel um einige Punkte verbessern können. Tatsächlich mußte er in dieser Zeit relativ wenig arbeiten und konnte die Annehmlichkeiten des Lebens erschöpfend genießen. Für die Filmmusik verwendeten die Brüder hauptsächlich alte Songs aus der für 1929 geplanten, aber nie zustande gekommenen Ziegfeld-Show *East is West*. Die Musik zu «Delicious» bestand am Ende aus fünf Liedern, einer Traumsequenz und einer auf eine Minute Länge zusammengekürzten Instrumental-Überleitung. Zwei weitere Songs fielen weg und das gestrichene große Orchesterstück wurde zur Keimzelle für die *Second Rhapsody*.

Hollywood ließ Zeit zum süßen Leben, das Gershwin wie immer auskostete. Wenn gelegentlich seine enttäuschenden Hollywood-Erfahrungen erwähnt worden sind, dann beziehen sich diese lediglich auf die Tatsache, daß er weder Mittelpunkt der Filmproduktion war noch Einfluß auf sie nehmen konnte. Wenn er gehofft hatte, er würde einige Monate später nochmals zurückgerufen werden, um an der endgültigen Realisierung des Films mitzuwirken, so sah er sich getäuscht. Zuletzt nahm er seine Songs für das Filmstudio auf, so daß bei der Produktion Klarheit über seine Tempi bestand. Den Gesangspart übernahm dabei für 50 Dollar der damals noch kaum bekannte Bing Crosby.

George Gershwin hat seine Beteiligung am gesellschaftlichen Leben in Hollywood später heruntergespielt. Die Arbeit am Film, hat er gesagt, sei geringfügig und schnell erledigt gewesen. *«Die Parties und das Nachtleben von Hollywood interessierten mich nicht im geringsten. Sie langweilten mich in Wirklichkeit. Hier hatte ich die Chance, etwas Seriöses zu arbeiten. Sieben Wochen hatte ich fast ununterbrochen Gelegenheit, die beste Musik zu schreiben, die ich mir vorstellen konnte! Welch eine Chance.»*[53]

So wurde das für Gershwin positive Nebenergebnis zur Hauptsache: eine neue Rhapsody, die die Großstadt-Mentalität, den Lärm, die Vitalität Manhattans zum Thema hatte und der aufkommenden Technisierung,

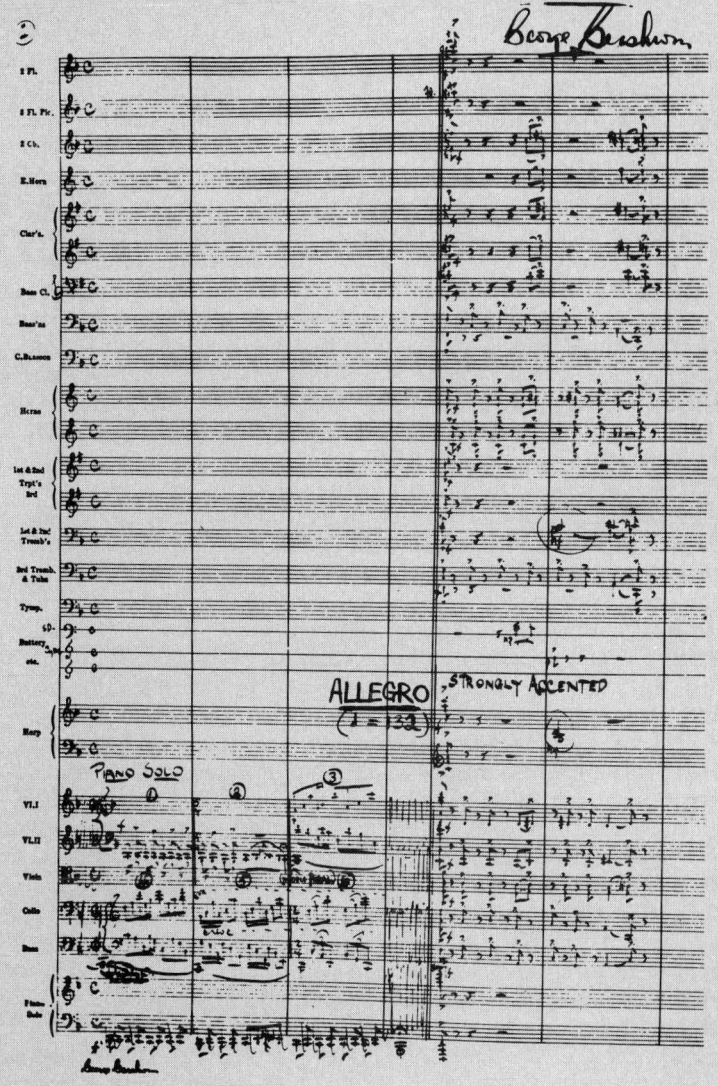

Erste Manuskriptseite der «Second Rhapsody»

dem Maschinenzeitalter ihren Tribut zollen wollte. Das erreichte sie freilich weniger als andere Stücke der Zeit (man denke etwa an Honeggers «Pacific 231»). Der ursprüngliche Titel des Werks sollte lauten *Rhap-*

sody in Rivets (rivet ist der englische Begriff für Niete, die Bolzenverbindung von Eisenteilen). Das Eingangsthema von Gershwins Werk vermittelt einen Eindruck von der hämmernden Schlagarbeit, die das Wort Niete assoziiert. Aber der Titel verschwand ebenso wie die erwogenen Bezeichnungen *Manhattan Rhapsody* und *New York Rhapsody*. Es blieb die sachliche Überschrift *Second Rhapsody for piano and orchestra*, wobei es auf dem Titel des Manuskripts zunächst geheißen hatte *for orchestra with piano*, weil Gershwin die Rolle des Klaviers als eines Instruments unter vielen betonen wollte. Die Orchestrierung entstand innerhalb von zwei Monaten in New York bis zum 23. Mai. Max Dreyfus wurde das neue Werk gewidmet. Wie schon seinerzeit beim *Concerto* mietete Gershwin auch jetzt ein Fünfundfünfzig-Mann-Orchester, um die Musik überprüfen zu können. Sogar eine Schallplatte wurde im NBC-Studio mitgeschnitten, die dem Komponisten die Kontrolle erleichterte. Er änderte kaum etwas und erklärte die *Rhapsody* für sein bestes bisheriges Werk auf symphonischem Sektor.

Die Uraufführungspläne verzögerten sich. Arturo Toscanini zeigte nur vorübergehend Interesse; zu Gershwins Überraschung besaß er überhaupt keine Kenntnis von dessen Musik.[54] Als fruchtbar erwies sich hingegen die Verbindung zu Serge Kussewitzky, dem Chef des Bostoner Orchesters, der das Werk mit Gershwin am Flügel am 29. Januar 1932 in Boston herausbrachte und am 5. Februar in New York wiederholte. Die Kritik äußerte sich wieder mit gegensätzlicher Meinung. Erwartungsgemäß wurde die zweite mit der ersten Rhapsody verglichen, der sie an Wirkung im ganzen und an Zündkraft im Detail in der Tat unterlegen ist. Zwar überzeugt die ernsthafte Verarbeitung des Materials – gemessen an Gershwins bisherigem Arbeitsstand, gerade auch an dem des *Amerikaners* –, andererseits fehlt dem Material Glanz und Rundheit im melodischen Fluß, es wirkt dünner. Außerdem besteht es im Grunde aus nur zwei Themen. Wohl auch deshalb kam der Kritiker Olin Downes zu dem lapidaren Schluß, die *Second Rhapsody* sei zu lang für ihr Material.[55]

Die *Second Rhapsody* ist nie besonders bekannt geworden, was den Kritikern im nachhinein recht zu geben scheint. Kompositorische Verarbeitungstechnik, auf die Gershwin so stolz war, die er jedoch in diesem Fall an sich selbst überschätzte, überwiegt und läßt den Charme der Musik versickern. Gershwin war als Komponist stets dort am besten, wo er sich in nächster Nähe des Liedes, des Schlagers befand. Von der planen Griffigkeit dieses Genres hatte er sich in der *Second Rhapsody* distanziert, und sogleich war die Musik blasser ausgefallen als sonst.

Noch vor Erscheinen der *Second Rhapsody*, die sieben Monate auf die Uraufführung hatte warten müssen, lag das Musical-Ereignis des Jahres 1931 *Of Thee I Sing*. Der Produzent Sam H. Harris, angeregt durch den Erfolg von *Strike Up the Band* 1930, hatte das Autorentcam George/Ira/

Kaufman/Ryskind für ein neues Werk unter Vertrag genommen. George und Ira hatten in Hollywood bereits an einigen Nummern vorgearbeitet. Diesmal standen Buch und Text derart im Vordergrund, wurde die Ausarbeitung der Handlung so primär wichtig, daß sich die Arbeitstechnik auch für George wieder änderte: er hatte nach Text zu arbeiten, nicht hingegen folgte der Texter seiner Musik. Geplant war ein dramaturgisch dicht, ja perfekt durchwirktes Bühnenstück, das zwar scheinbar Unterhaltung vermittelte, genau betrachtet jedoch bestehende Verhältnisse massiv kritisierte: Die Bevölkerung der USA hatte in der Zeit der Depression unter einem Übermaß von Schwäche, Machenschaften, Korruption, Gewinnsucht und Handlungs-Unfähigkeit zu leiden. Es sollte ein Anti-Regierungsstück entstehen, fein gewoben, betont delikat, aber unmißverständlich geformt: so deutlich wie möglich und so verletzend wie nötig. Man operierte immer kurz vor der Grenze zur Empörung; nur zum Empörungsausbruch langte die Provokation nicht. Unterhaltung mit gefährlichem Zündstoff war die Zielvorgabe. Gezeigt werden sollte, wie die Regierenden fortwährend Geschichten machen, ohne Geschichte machen zu können.

Die Handlungsvorlage erweist sich zwar als dünn, aber sie ist nicht blasser als Hunderte von Operettenhandlungen, die man bis heute toleriert.

Die Machart, die der eher läppischen Handlung den Stempel des Außergewöhnlichen aufdrückte, entschied über die Wirkung des Stücks. Die vier Autoren hatten eng zusammengearbeitet; ihre konzentrierte Anstrengung zahlte sich aus. Es kam wie sonst kaum im Showgeschäft hier weniger auf die Wirkung von Einzelheiten als auf die Ausstrahlung des Werks im ganzen an. Die Voraufführung in Boston ab 8. Dezember 1931 verlief so günstig, daß man mit hoffnungsvollsten Erwartungen in die New Yorker Premiere am 26. im Music Box Theater am Broadway ging. Kaufman hatte inszeniert, das Orchester dirigierte Gershwin in der Premiere selbst. Der dramatische Fluß des Stücks stellte eine Novität auf dem Sektor der Musical-Comedy dar. Komödiantischem Anspruch wurde auf hoher Ebene Rechnung getragen. Die Verarbeitung erwies sich als äußerst gelungen, die satirischen Andeutungen erschienen musterhaft sublimiert. Es gab enthüllende Einzelheiten in Menge – die Mangelhaftigkeit der amerikanischen Administration wurde in allen Facetten durchleuchtet –, sie erschienen aber in einen Gesamtstrom von hoher theatralischer Qualität eingebunden. Der Zufallsstil der üblichen Ablenkungs-Revue war überwunden, das Ergebnis hieß: leichtes, aber zeitkritisch zupackendes Musiktheater.

Die Serie der Aufführungen erreichte die Traumzahl 441. Irving Berlin und Sam H. Harris, die Inhaber des Music Box Theater, konnten sich nach schwerer Zeit finanziell sanieren. *Of Thee I Sing* wurde als Gesamt-Partitur 1932 veröffentlicht, die dritte Gershwins, die diese Auszeichnung erfuhr. Auch das vollständige Textbuch erschien und wurde gut verkauft.

Am höchsten aber konnten die Autoren für sich die Verleihung des Pulitzer-Preises für Dramatik am 2. Mai 1932 verbuchen. Dabei wurden freilich nur die drei Text-Autoren gewürdigt und mit einem Gesamtpreis von 1000 Dollar – eher eine symbolische Summe – bedacht. George Gershwin blieb ausgeschlossen, weil mit dem Pulitzer-Preis damals noch keine musikalischen Werke prämiiert wurden.

George Gershwin ging also leer aus, dabei wäre die Preiswürdigkeit von *Of Thee I Sing* ohne die Musik wahrscheinlich kaum aufgefallen. Kaufmans New Yorker Inszenierung des Stücks ging im Anschluß auf Tournee durch die Staaten und kehrte am 15. Mai 1933 wieder an den Broadway zurück, als eine zweite Einstudierung von Chicago aus auf die Reise durchs Land ging. Es wurde Gershwins Musical mit der längsten Laufzeit und sein einziges in zwei gleichzeitigen Präsentationen. Eine Plagiatsklage des Schriftstellers Walter Lowenfels gegen Kaufman und Ryskind mit Regreßforderungen wurde vom Gericht zurückgewiesen; Lowenfels, der an den Folgen des wirtschaftlichen Zusammenbruchs litt, reklamierte auf 40 Seiten von *Of Thee I Sing* vergeblich Ähnlichkeiten mit seinem eigenen Schauspiel, «U.S.A. with Music».

Auch mit der Französisch-Amerikanischen Gesellschaft gab es einen eher peripheren Zwischenfall, da in dem Text der Show von französischen Kriegsschulden an Amerika die Rede war. Außerdem wurde verlangt, der französische Gesandte möge weniger lächerlich dargestellt werden. Kaufman versprach, alles Inkriminierende zu streichen, wenn man ihm einige gleichermaßen lustige Textzeilen als Ersatz an die Hand geben würde. Der Streitfall blieb folgenlos.

Bei allem Erfolg darf nicht übersehen werden, daß er wieder zeitbedingt war, nämlich gebunden an die aktuelle Situation. Und die hielt noch eine Zeitlang vor. Speziell in Wahlkampfzeiten konnten Berufs-, aber auch Amateurschauspieler mit dem Stück reüssieren. Wiederaufnahmeversuche in New York 1952 und 1969 scheiterten hingegen, nach den politischen Morden 1968 an Robert Kennedy und Martin Luther King entglitten die auf die Bühnen übertragenen Affären ins Belanglose. Und noch etwas ist unmißverständlich anzufügen: *Of Thee I Sing* blieb Gershwins letzter herausragender und ungeteilter Erfolg. Der Gipfel des persönlichen Ruhms war erreicht, konnte aber mit dem, was noch folgen sollte, nicht gehalten werden.

Kunstsammler und Maler,
Anfechtungen, die letzte Musical-Comedy

In der zweiten Hälfte der zwanziger Jahre hatte Gershwin begonnen, mit Hilfe seines Vetters, des Malers Henry Botkin, eine Kunstsammlung zusammenzutragen, die beachtliche Quantität und Qualität erreichte. Die Annahme liegt nahe, daß er hierzu angeregt wurde durch seine reichen Freunde und Gesellschafts-Bekanntschaften. Botkin war 1926 nach Paris zum Studium gegangen und kehrte jährlich für mehrere Monate besuchsweise nach New York zurück. So war Gershwin durch ihn in der Lage, die Pariser Kunstszene fachmännisch beobachten zu lassen und günstig wertvolle Bilder zu erwerben zu einer Zeit, als die zeitgenössische bildende Kunst im Aufbruch begriffen war. Unter diesem Aspekt verwundert sowohl der Umfang seiner Sammlung als auch deren Zusammensetzung weniger. Botkin als Kenner konnte in Paris weitaus günstiger einkaufen, als dies Gershwin selbst, zumal in Amerika, möglich gewesen wäre. Gershwins Sammlung wird mit 144 Objekten angegeben[56], seine Aufwendungen für deren Ankauf schätzt man auf 50000 Dollar – eine geringfügige Summe, gemessen an seinen enormen Einkünften gerade in diesen Jahren, gemessen auch an der Maler-Prominenz, die die Wände seiner Wohnungen zierte. Von Picasso besaß er neben einer unsignierten Zeichnung von 1906 das Ölbild «L'Absinthe», das 1901 zum erstenmal ausgestellt worden war und dem man vom heutigen Standpunkt aus höchsten Qualitäts- und Finanzwert zubilligen würde. Aber es ist insgesamt eine Versammlung illustrer Namen, von denen nur Chagall, Derain, Gauguin, Kandinsky, Léger, Modigliani, Rouault, Rousseau, Utrillo, Kokoschka genannt seien. Aufmerksam verfolgte Gershwin auch junge amerikanische Kunst, und von den Südamerikanern schätzte er besonders David Siqueiros, dem er freundschaftlich verbunden war.

Seine Kollektion dürfte Gershwin angeregt haben, sich auch selbst wieder der Malerei zuzuwenden. Laut Botkin, der ihn dabei handwerklich unterstützte, soll das 1929 gewesen sein.[57] Möglicherweise geschah das aber schon 1927 in Ossining.[58]

Merle Armitages Gershwin-Erinnerungsbuch von 1938, auf das sich unsere Darstellung häufig bezieht und in dem auch Botkins Aufsatz enthalten ist, trägt freilich, zumal unmittelbar nach dem Tod Gershwins entstanden, teilweise stark panegyrisch-verklärende Züge, von denen auch

Mit seinem Vetter Henry Botkin

Botkins Ausführungen nicht frei sein dürften. Dennoch kann man Botkins Meinung, Gershwin habe tiefe und echte Begabung entfaltet, uneingeschränkt zustimmen. Gershwins Bilder, soweit sie als Reproduktionen überprüfbar sind, bestätigen diese Aussage. Neben George besaßen auch seine Geschwister Ira und Frances eine Neigung zum Zeichnen und bildlichen Darstellen. Frances ist später sogar als begabte Malerin hervorgetreten. George hatte von klein auf an gezeichnet. Seine neuerliche Hinwendung zur Malerei bedeutete also nur die Reaktivierung einer alten Vorliebe. Er hat sich besonders als Porträtist hervorgetan, wobei seine Zeichnungen wie die des lesenden Ira oder seines Psychoanalytikers Dr. Gregory Zilboorg in ihrer linearen Kontur noch mehr überzeugen als die Ölbilder. Unter diesen besitzen die Darstellungen Arnold Schönbergs und Jerome Kerns mehr individuelle Charakteristik als die Emily Paleys oder DuBose Heywards. Gershwin bevorzugte eine Dunkelgrundigkeit von romantischem Einschlag, expressionistische Eigenwilligkeiten blieben hingegen ausgespart. Hervorstechend originell oder gar stilbildend war seine Malerei nicht, über das Maß von sehr begabter Sonntagsmalerei geht sie kaum hinaus. Gershwin selbst diente sie zur Selbstbestätigung. Emotional bedingter und geführter Künstlertypus, der er war, bedeutete ihm die Malerei eine sinnvolle Ergänzung seiner musikalischen Tätigkeit. Besondere Affinität empfand er zu Georges Rouault, was für ihn spricht. Er hoffte, in der Art komponieren zu können, wie Rouault gemalt hat[59] – eine überraschende Äußerung angesichts der von ihm gepflegten musikalischen Genres. Allenfalls für die *Second Rhapsody* und die *Cuban Overture* kann man diese Idealvorstellung in Ansätzen eingelöst finden.

George Gershwins beträchtliche Kunstsammlung, eingeschlossen die eigenen Arbeiten, ist nach seinem Tod auf seine Mutter und die drei Geschwister verteilt worden. Später wurde sie weiter aufgelöst – Picassos «L'Absinth» wurde nach dem Willen von Rose Gershwin nach deren Tod

Arbeit an seinem Ölporträt des Komponisten Arnold Schönberg

1948 verkauft – und befindet sich heute in Museumsbesitz, in anderweitigem öffentlichem und in privatem Besitz.

Das Jahr 1932 hatte für George Gershwin mit der Uraufführung seiner *Second Rhapsody* Ende Januar in Boston mit Kussewitzky begonnen und ihn erneut als impulsiven, seine Umgebung entwaffnenden und mitreißenden Klavierspieler in der Öffentlichkeit herausgestellt. Den nachtwandlerisch sicheren und in allen Varianten bewanderten Improvisator auf dem Klavier kannten hingegen nur die Gesellschaftszirkel und der große Freundes- und Bekanntenkreis, denen er sich als pianistischer Alleinunterhalter geradezu aufdrängte, sobald Gelegenheit dazu bestand. Dies war wohl die Initialzündung zu der Aufforderung an ihn, eine Reihe von Improvisationen schriftlich festzuhalten und in gedruckter Form veröffentlichen zu lassen. Das Ergebnis war *George Gershwin's Song-Book*, das zunächst in einer Vorzugsauflage von 300 Exemplaren im Mai 1932 erschien. Es war illustriert von dem Maler Constantin Alajálov und von diesem und von dem Komponisten signiert. Beigefügt war der Song *Mischa, Yascha, Toscha, Sascha*, von George und Ira schon um 1921 verfaßt, der zum Markenzeichen des Komponisten auf Parties wurde. Er trug ihn besonders gern dann vor, wenn einer der vier Namensträger anwesend war. Gemeint sind mit den Vornamen die Geiger Mischa Elman, Jascha Heifetz, Toscha Seidel und Sascha Jacobsen. Bei dieser Vorauflage war vermutlich an eine Referenz an den Gesellschaftsbereich gedacht, in dem Gershwin zu Hause war. Die reguläre Ausgabe des *Songbook* erschien dann im September 1932. Es enthält achtzehn Schlager aus etwa zehn Jahren. Die fixierten Fassungen dürften indes nur einen schwachen Abglanz von Gershwins Improvisationskunst vermitteln, die ja immer auf der Augenblickseingebung beruhte. Olin Downes hat am 18. Juli 1937, sieben Tage nach Gershwins Tod, in einem Zeitungsartikel auf Gershwins Eigenart als Klavierspieler hingewiesen und lapidar behauptet, Gershwin habe seine Begleitungen niemals so aufschreiben können, wie er sie zu spielen pflegte.[60] Der Höreindruck des *Songbook* mutet fast zwangsläufig etwas steril an, zumal jedes Lied nur einmal durchgeführt ist, also nicht mit dem thematischen Material gespielt wird, es keine Durchführungen und Abwandlungen – die Essenz von Improvisation – erfährt.

George Gershwin widmete das *Songbook* einer seiner besten Freundinnen, der Komponistin Kay Swift, die ihm menschlich und künstlerisch besonders nahe stand und nach seinem Tod mit Ira Gershwin manche postume Veröffentlichung verantwortete.

Im Februar 1932 reiste Gershwin für einen kurzen Urlaub mit seinem Freund Emil Mosbacher und anderen nach Kuba. Der Umstand ist nur deshalb erwähnenswert, weil er sich in seiner Arbeit niederschlug. Gershwin hörte in Havanna kubanische Volksmusik und lernte dort gebräuchliche Schlaginstrumente kennen, von denen er einige erwarb.

Kay Swift

Jedenfalls wurde hier die Idee zu einem weiteren Orchesterstück in dem Musikstil, wie er ihn erlebt hatte, geboren. Das Ergebnis war *Rumba*, später *Cuban Overture* genannt, für normal besetztes Orchester ohne Zusatzinstrumente, ausgenommen vier kubanische Schlaginstrumente (Hartholz-Stöcke, Bongos, Guiro, Maracas). Sie wollte er aus akustischen, aber sicher auch aus optischen Gründen vor dem Orchester unmittelbar unter den Augen des Dirigenten postiert wissen, wie er auf der Titelseite der Partitur besonders aufzeichnete.

Morris Gershwin, Georges Vater, starb einundsechzigjährig am 15. Mai 1932 an Leukämie. Daß Gershwin aus diesem Grund eine geplante neue Europa-Reise aufgegeben haben könnte, scheint unwahrscheinlich. Eine Zielmarke für Gershwin war um diese Zeit ein für den 16. August im Lewisohn-Stadion terminiertes Konzert ausschließlich mit seinen Werken.

Bei dieser Gelegenheit sollte *Rumba* aufgeführt werden. Die Zeit drängte demnach ein wenig, und Eile weist auch die Kompositionsskizze, ein Particell mit der Musik auf vier Notensystemen, aus. Sie war weniger sorgfältig ausgeschrieben, als man das bei den voraufgegangenen Konzertkompositionen Gershwins gewohnt war. Als Arbeitszeit hat der Komponist den Juli festgehalten, die Instrumentierung stellte er zwischen dem 1. und 9. August her, so daß bis zur Aufführung nur sieben Probentage blieben.

In dieser Zeit hatte Gershwin in Joseph Schillinger (1895–1943), russischer Jude wie er selbst und nur drei Jahre älter als er, einen neuen Lehrer gefunden. Schillinger, vor allem als Theoretiker bekannt geworden, hat ein mathematisch-statistisches System zur Kompositionsanleitung entwickelt, das nach seinem Tod veröffentlicht wurde («The Schillinger System of Musical Composition», New York 1946). In einer Schrift von 1940 hat Schillinger für sich in Anspruch genommen, Gershwin aus einer schöpferischen Krise erlöst zu haben. Der Komponist soll ihm geklagt haben, nach etwa 700 Liedern brächte er nichts Neues mehr zustande, er wiederhole sich; ob Schillinger ihm helfen könne.[61] Die Angabe, Gershwin sei mit arbeitsbedingten Unterbrechungen viereinhalb Jahre Schillingers Schüler geblieben, stammt von Schillinger selbst und muß deshalb zurückhaltend beurteilt werden. Daß Gershwin sich zu dieser Zeit am Beginn eines subjektiv einzugestehenden psychischen Tiefs befunden hätte, könnte zutreffen, obwohl konkrete Anzeichen dafür fehlen. Er war ein betont nichtintellektueller Musiker, ein stets fröhlich-schwereloser, präsenter Schlagerkomponist; deshalb scheint es unwahrscheinlich, daß er eine mögliche Schaffenskrise anderen gegenüber überhaupt eingestanden haben könnte. Daß auch ihm bei 700 Schlagern Leerlauf und Wiederholungen unterlaufen sind, ist nur selbstverständlich und dürfte auch von ihm selbst registriert worden sein.

Von Schillingers Unterricht hat Gershwin offensichtlich profitiert. Davon dürfte sich in der *Cuban Overture* einiges niedergeschlagen haben. Zwar landete Gershwin mit ihr wie schon mit der *Second Rhapsody* wieder keinen Publikumstreffer, was aber um so mehr sein ernsthaftes Ringen um effektive Arbeitslösungen bezeugen kann. Es mochte ihm selbst deutlich geworden sein, daß es mit zunehmender Reife im Rahmen eines natürlichen Entwicklungsprozesses, der bei ihm zweifellos gegeben war, nicht mehr länger darum gehen konnte, genau kalkulierte Unterhaltungsware auszuschütten. Das hatte er zwar immer und auch freiwillig getan, hatte aber, wenn man seine Aussagen zugrunde legt, im Grunde mehr bewegen und bewirken wollen. So schlug er nun einen neuen Weg ein, wie *Second Rhapsody* und *Cuban Overture* ausweisen. Daß sich mit diesen Stücken nicht der Beginn einer anders einzuschätzenden Komponisten-Karriere, wohl aber das Bemühen um eine ernsthafte und auf schwerwie-

Joseph Schillinger

gendere Faktoren gerichtete Beschäftigung abzeichnete, läßt sich unschwer ablesen.

In der *Cuban Overture* gibt sich die Faktur im Detail wie die Form im
Großen sachlich gebaut sowie knapp und deutlich formuliert. Die Musik
ist weniger ausufernd, weniger erzählend als im *Amerikaner*, aber auch
nicht so reich im melodischen Einfall. Gershwin geht über den Grundra-
ster der Dreiteiligkeit wieder nicht hinaus, operiert aber innerhalb der
Abschnitte flexibel, achtet auf auskomponierte Übergänge, die beispielsweise im *Amerikaner* fehlen, wo die thematischen Blöcke durch Zwi-
schenepisoden getrennt sind. Im ersten Teil gibt es einen polyphonen Abschnitt. Im Mittelteil der Ouverture dominiert ein polytonaler Kanon, der
in das ostinato zitierte Kanon-Thema mündet. Der dritte Teil rekapitu-
liert den ersten, zieht das thematische Material dabei jedoch strettaartig
zusammen.

Das Lewisohn-Stadion faßte bei dem ersten All-Gershwin-Programm
17845 Zuhörer, 5000 mußten abgewiesen werden.[62] Gershwin war Solist

in den beiden Rhapsodien, Oscar Levant spielte das *Concerto in F*, außerdem erklangen die *Cuban Overture* und *An American in Paris* – es waren also alle bisher existierenden, von Gershwin so genannten seriösen Kompositionen vertreten. In die Dirigate teilten sich Albert Coates und William Daly.

Die Konzerte im Lewisohn-Stadion bildeten einen Gradmesser für die Popularität eines amerikanischen Komponisten. Bei dem Stadion handelte es sich um keine ideale Konzertstätte in akustischer Hinsicht, auch litt es unter Außengeräuschen von den angrenzenden Straßen. Gershwin selbst war mit der Wirkung speziell der *Cuban Overture* unzufrieden, die Freiluft-Präsentation schien ihm für sie ungeeignet. Die zweite von ihm selbst dirigierte Aufführung am 1. November 1932 in der Metropolitan Opera verlief von der Wirkung her günstiger, vor allem die Integration kubanischer Rhythmen in den symphonischen Kontext gelang hier zutreffend. Gershwin dirigierte bei dieser Gelegenheit außerdem wieder den *Amerikaner* und spielte das *Concerto* unter Leitung Dalys, der auch ein eigenes Arrangement von vier Gershwin-Songs mit dem Komponisten am Flügel vorstellte. David Siqueiros malte 1936 ein Bild, das dieses Kon-

William Daly
(Bleistiftzeichnung von Gershwin)

Gershwin spielt in der Metropolitan Opera, gemalt von David Siqueiros

zert in der Met festhält. Man sieht von der Hinterbühne aus in das Thea-
terinnere. Vorn im Bild sitzt Gershwin am Flügel. In der ersten Reihe sind
Familienmitglieder und Freunde zu erkennen.

Das Konzert am 1. November 1932 hatte ein Nachspiel. Im Dezember
erschien in «The American Spectator» ein Artikel von einem gewissen
Allan Lincoln Langley (der dadurch immerhin in die Gershwin-Biographik eingegangen ist). Langley hatte unter Daly und Gershwin als Violinist in dem Konzert gespielt. Nun teilte er der Öffentlichkeit mit, es habe
ein so enger Zusammenhalt zwischen den beiden Künstlern während der
Proben bestanden, Daly sei ständig um Gershwin herum gewesen und
habe so sehr viel mehr Kenntnis von der Partitur – Langley bezog sich auf
den *Amerikaner* – gehabt als der Komponist selbst, daß er daraus
schlösse, die Orchestrierung des *American in Paris* stamme in Wirklichkeit von Daly. Daly parierte am 15. Januar 1933 mit einer Antwort in der
«Times» und erklärte unmißverständlich, er habe den *Amerikaner* weder
komponiert noch orchestriert; er habe zwar als Freund Gershwins die
Gelegenheit benutzt, Kritik zu üben, sei aber weit entfernt von der Rolle,
in der Langley ihn vermute. Er schloß mit dem Satz: «Tatsache ist, daß ich
nie eine Note seiner Kompositionen geschrieben habe, so wie ich nie auch
nur einen ganzen Takt in einem seiner symphonischen Werke orchestriert
habe.»[63] Kann man solche Aussagen als so endgültig betrachten, daß

85

zweifelnde Fragen damit ausgeräumt sind? Für die *Second Rhapsody* ist unbestritten, daß die Druckfassung, in der sie 1953 erschien, auf der Orchestrierung von Robert McBride beruht, die dieser im Auftrag des Gershwin-Verlegers Frank Campbell-Watson anfertigte. Campbell-Watson war von 1932 bis 1965 Musikherausgeber von New World Music, des Verlegers aller symphonischen Kompositionen Gershwins. Unter seiner Ägide erschienen die Partituren Gershwins nach dessen Tod, vom *Concerto in F* angefangen (mit Ausnahme von *Porgy and Bess*). Vorher waren sie lediglich als Leihmaterial für Ausführende vom Verlag zur Verfügung gestellt worden. Alle diese Druckfassungen wurden gegenüber den Urschriften des Komponisten modifiziert, wenn auch nicht in einschneidender Weise. Dies ist durch Vergleich der Handschriften, die in der Library of Congress in Washington liegen, mit den Druckausgaben möglich. McBride hat auch die Orchestrierung des *American in Paris* revidiert. Für die gedruckte Partitur der *I Got Rhythm-Variations* zeichnet als Bearbeiter William C. Schoenfeld; die der *Cuban Overture* weist hingegen keinen Revisions-Vermerk auf.[64]

Das Jahr 1932 ging erfolgreich zu Ende mit einer wichtigen künstlerischen Zäsur für den Komponisten mit seiner *Cuban Overture*, seinem vielleicht konsequentesten unter den seriösen Stücken bisher. Um diese Zeit hatte er schon wieder eine neue Musical-Arbeit in Angriff genommen: *Pardon My English*. Aarons und Freedley waren an George und Ira wegen des Werks für den Broadway herangetreten trotz ungünstiger äußerer Umstände. Die beiden Produzenten waren nämlich stark von der Wirtschafts-Depression betroffen. Ihr Alvin Theater hatten sie schon im Mai des Jahres an die Voreigentümer zurückgeben müssen, weil sie es finanziell nicht mehr hatten halten können. *Pardon My English* sollte nun zum Rettungsanker werden, wurde aber alles andere als das. Von der Zusage der Gershwins für ihre Mitwirkung hing zunächst ab, daß die Vorfinanzierung der Aufführung durch Geldgeber gesichert wurde. George wollte vor allem Aarons beispringen, der ihm 1919 immerhin zu seinem Einstieg ins Musical-Theater mit *La-La-Lucille!* verholfen hatte.

Pardon My English bereitete – nach Ira Gershwins Worten – Kopfschmerzen vom Anfang bis zum Ende.[65] Es begann mit einem schlechten Buch, an dem mehrere Autoren noch während der Versuchstour des Stücks von Philadelphia über Boston und Brooklyn nach New York immer wieder neu herumkorrigierten. Erschwerend trat hinzu, daß schon in Boston der männliche Hauptdarsteller ausstieg. Als das Stück dann am 20. Januar 1933 im New Yorker Majestic Theater zur Premiere kam, hatte man durch verdächtig niedrige Eintrittspreise – 3 Dollar die Karte – und mit dem Komponisten als Dirigenten zusätzliche Besuchsanreize schaffen wollen. Aber nichts nützte – nach 46 Aufführungen, eine für ein Ensuite-Stück vernichtend niedrige Zahl, endete *Pardon My English* kläglich. Auch einige sehr gute Songs – Kay Swift hielt die Partitur sogar für die

Ira Gershwin (Federzeichnung von George Gershwin)

beste der Brüder[66] – hatten das Unglück nicht verhindern können. Das Produzententeam Aarons und Freedley zerbrach nach diesem Desaster. Freedly mußte sogar für einige Zeit außer Landes gehen, um seinen Gläubigern zu entkommen. Trotzdem gewann er nach seiner Rückkehr 1934 mit einigen Cole Porter-Musicals wieder an Boden und reüssierte noch zwanzig Jahre am Broadway.

George Gershwin hatte mit seinen Broadway-Musicals Höhen und Tiefen durchlebt, was den Erfolg betrifft. Er war im ganzen von jeher zu wenig Anfechtungen ausgesetzt gewesen, als daß ihn eine flaue Rezeption wie bei *Pardon My English* sonderlich hätte beeindrucken können. Natürlich darf in diesem Zusammenhang auch die unerschütterlich sichere finanzielle Seite seiner Existenz nicht unterschätzt werden. Sie gestattete es dem Komponisten zum Beispiel, im späten Frühling 1933 wieder eine neue Wohnung zu beziehen. Es wurde sein letztes, noch luxuriöseres Apartment mit vierzehn Zimmern in der 72. Straße auf der East Side. Im Gegensatz zur modisch-mondänen Ausstattung des vorigen war dieses konservativer, gleichwohl prunkvoll eingerichtet. Ira Gershwin und seine Frau zogen wenig später einige Häuser weiter in dieselbe Straße, so daß die fürs Arbeiten erforderliche Nähe zwischen den Brüdern erhalten blieb.

In dieser Umgebung setzte Gershwin zu seinem letzten Musical an, der Satire *Let'Em Eat Cake*. Sie stellte sich als Zweitverwertung von *Of Thee I Sing* dar. Wieder waren die Buchautoren Kaufman und Ryskind und der Produzent Sam H. Harris. Die Personen aus dem älteren Werk tummelten sich erneut auf der Szene und lieferten Handlungsvarianten. Auf der Bühne standen die aus *Of Thee I Sing* bewährten Darsteller William Gaxton, Lois Moran und Victor Moore. Gershwin erarbeitete mit seinem Bruder eine umfangreiche Song-Partitur mit 26 Nummern, von denen *Mine* populär wurde. Aber ihre Bemühungen fruchteten nichts: die Premiere am 21. Oktober 1933 im Imperial Theater erwies sich als Fehlschlag. Für die erfolgbegierige, zudem aufeinander eingespielte Mannschaft war das Ergebnis von insgesamt 90 Aufführungen negativ. Den Grund für den Mißerfolg muß man wohl im Textbuch suchen, das sich in Inhalt und Aufbau der ersten Fassung von *Strike Up the Band* angenähert hatte. Im Stück wurde ein Unterhaltungsvergnügen nur vorgetäuscht; in Wirklichkeit aber wurden die amerikanischen Verhältnisse ins Visier genommen. Damit war die musikalische Broadway-Komödie wieder erheblich überfordert. *Let'Em Eat Cake* blieb ohne Folgen in jeder Beziehung. Einer der wohlwollenden Kritiker meinte, es handle sich um eine noble Außergewöhnlichkeit, die sich – um Gottes Willen – kein drittes Mal ereignen möchte.

«Porgy and Bess»,
eine Konzertreise, Rundfunkarbeit

Das war das Ende des Musical-Komponisten George Gershwin – kein strahlendes, eher ein gedämpftes Ende, das ihn jedoch schon deshalb nicht sehr beschäftigt haben wird, weil er mit seinen Gedanken bei anderen, seinen seriösen Projekten war. Fünf Tage nach der Premiere von *Let 'Em Eat Cake* wurde ein Vertrag mit der New Yorker Theatre Guild über eine musikalische Fassung von *Porgy* unterzeichnet. Dies war der Schlußpunkt unter Erwägungen und Verhandlungen, die das vergangene Jahr über angehalten hatten. Die Initiativen dazu waren hauptsächlich von Heyward ausgegangen. Er hatte mit seinem Roman «Porgy» immerhin einen Bestseller geschrieben, dem in jener Zeit wohl nur «Vom Winde verweht» von 1937 vergleichbar ist. Da Heyward finanziell ziemlich unter dem Wirtschaftszusammenbruch litt, wollte er weitere Verwertungsmöglichkeiten seines Buchs nutzen. Rouben Mamoulian hatte Dorothy Heywards Dramatisierung des Romans mit glücklicher Hand für die Theatre Guild inszeniert. An sie knüpften sich Überlegungen von Al Jolson für eine Show mit ihm selbst in der Titelrolle. Jerome Kern und Oscar Hammerstein schwebte dagegen ein Musical über den Stoff vor.

George Gershwin sah als sein Arbeitsziel für *Porgy* eine Oper, nicht eine Musical-Comedy. So signalisierte er Heyward, daß in seinem Werk keine Rolle für Jolson vorgesehen sei, ihn aber ein Musical von Kern und Hammerstein in seinem eigenen Vorhaben nicht stören würde, vor allem dann nicht, wenn Heyward sich einen Erfolg davon verspreche. Die Musical-Pläne zerschlugen sich jedoch, so daß das Projekt Heywards mit Gershwin übrigblieb und durch den Vertragsabschluß mit der Theatre Guild besiegelt wurde. Es würde also keine Oper von Gershwin für die Metropolitan Opera geben. Das durfte Gershwin schon deshalb nicht bedauern, weil er an eine Besetzung nur mit Farbigen dachte, die in der Met in den dreißiger Jahren nicht realisierbar war. Schwarzgeschminkte Weiße existierten in seiner Vorstellung hingegen nicht. Otto Kahns Bemühungen, Gershwin den Weg in die Met zu ebnen, waren also vergeblich gewesen. Und auch die Oper erlebte Kahn nicht mehr, er starb 1934.

Heyward begann mit der Abfassung eines Librettos. Gershwin dagegen ließ sich mit der Komposition Zeit. Es existiert ein intensiver Briefwechsel zwischen den beiden Künstlern. Der erste und entscheidende

Gershwin mit DuBose Heyward und Bruder Ira

Punkt ihrer Diskussion bezog sich auf die Form der Oper. Heyward ten-
dierte zum Typus des deutschen Singspiels bzw. der französischen opéra
comique, also einer Nummernoper mit gesprochenen Dialogen, mittels
derer er die Handlung komprimieren und ihren Ablauf auf Tempo bringen wollte. Gershwin dagegen, zwar Neuling auf dem Gebiet der Oper,
aber doch mit einem untrüglichen dramatischen Instinkt ausgestattet, sah
als Ziel ein durchkomponiertes Musikdrama, wollte *eine Verbindung des
Dramas und der Romanze von «Carmen» mit der Schönheit der «Meister-
singer» erreichen, wenn Sie sich das vorstellen können*, wie er am 7. Juli
1934 an Heyward schrieb.[67] Bei aller Naivität dieser Äußerung – «Carmen» ist eine Nummernoper mit Dialogen, was Gershwin entweder nicht
wußte, oder er kannte, wenn überhaupt, nur die Fassung des Werks mit
den von Ernest Guiraud nachkomponierten Rezitativen – zeugt sie von

einer hochgesteckten Qualitätsvorstellung. Immerhin hat ihm seine Tendenz zur durchkomponierten Rezitativfassung recht gegeben. Da die Arien seiner Opern stark dem Charakter von Songs angenähert sind, hätte sonst die Gefahr bestanden, daß *Porgy* als Ganzes in die Nähe der Musical-Comedy geraten wäre.

Die Theatre Guild hoffte auf einen Premierentermin für die Oper im Herbst 1934. Aber Gershwin sah sehr realistisch, daß dieser Termin für ihn zu früh war. Für Ende 1933 hatte er zudem eine Verpflichtung mit dem Pittsburgh Symphony Orchestra. Am 2. Dezember reiste er mit Mosbacher für einen kurzen Erholungsurlaub nach Florida und wollte bei dieser Gelegenheit auch die Heywards in Charleston treffen. Die Reise galt hauptsächlich seiner Vorbereitung für eine Konzerttournee mit dem Leo Reisman-Orchester unter Leitung von Charles Previn, der schon *La-La-Lucille!* und *Of Thee I Sing*, ausgenommen die Premiere, dirigiert hatte. Die Tournee begann am 14. Januar 1934 und ging vier Wochen lang durch amerikanische und kanadische Städte. Gershwin wollte in diesem Rahmen unbedingt ein neues Werk vorstellen. In Florida und in Charleston komponierte er deshalb in jeder freien Minute an den *I Got Rhythm-Variationen* für Orchester und Klavier, die er seinem Bruder Ira widmete. Obwohl er auf diese Arbeit konzentriert war, legte er auf der Hin- und Rückreise kurze Gesprächspausen mit Heyward ein. In Charleston kam er seinem Librettisten, mit dem ihn von Herkunft und Charakter kaum etwas verband, nun auch innerlich näher. Heyward stammte aus einer aristokratischen Südstaatenfamilie und war Intellektueller. Der Roman «Porgy» spielte in Heywards Heimat, so daß Gershwin hoffen konnte, in Charleston etwas von der Atmosphäre aufnehmen zu können, von der seine Oper bestimmt sein sollte.

An die Komposition der Oper aber war vorläufig nicht zu denken. Als Gershwin am 4. Januar 1934 nach New York zurückkehrte, erzählte er Zeitungsleuten auf einer Pressekonferenz so ernsthafte Dinge über die Musik der Schwarzen als Wurzel des Jazz, daß er in der «Herald Tribune» als «fleißiger Student von Negermusik» bezeichnet wurde.[68] Die *I Got Rhythm-Variationen* und die bevorstehende Tournee, von denen er ebenfalls sprach, standen ihm jedoch näher, zumal die Instrumentation bis zum Probenbeginn für die Uraufführung am 14. Januar in Boston fertig werden mußte.

Dem instrumental kleiner besetzten Leo Reisman-Orchester mußte Rechnung getragen werden. Zu den einfach besetzten Holzblasinstrumenten (ohne Klarinette) traten allerdings vier Saxophone, drei Hörner, drei Trompeten, zwei Posaunen und Tuba. Erstaunlich transparent fiel die Orchestrierung aus, bei der Schillinger offensichtlich beratend mitgewirkt hatte, wie Vernon Duke mitteilt; denn Effekte wie am Steg gestrichene Passagen und Piccicato-Glissandi, später in gestrichene Glissandi geändert, waren für Gershwin neu.[69] Die Partitur, eine Folge von sechs

Als Solist mit dem Leo Reisman-Orchester

Variationen auf den großartigen Song aus *Girl Crazy*, ist eine instrumentale Delikatesse, anreizend und witzig. Das Wechselspiel zwischen Solist und Ensemble bezeugt eine bemerkenswerte handwerkliche Gewandtheit des Komponisten, seinen hoch entwickelten Kunstsinn. In ihrer Substanz sind die Variationen dagegen ein harmloses Opus. Die einzelnen Nummern erschöpfen sich in reinen Figural-Abwandlungen, nie spürt man eine Tendenz zur Charaktervariation, für die die Liedvorlage als Thema vielleicht aber auch nicht ausgereicht hätte. In seiner Redlichkeit tendiert das Ganze fast zur Dürftigkeit; von Gershwins Konzertwerken ist es zweifellos das schwächste. Mit etwa acht Minuten Länge geriet es zudem zu einer Unerheblichkeit, die sich in jedem Programm verloren ausnimmt.

Für Gershwins Tournee gaben die Variationen immerhin die erwünschte Novität ab neben der *Rhapsody in Blue*, deren Uraufführung vor zehn Jahren die Rundreise veranlaßt hatte. Aus welchem Grund hatte sich Gershwin zu diesem Gewaltakt entschlossen? Er genoß es ganz offensichtlich, erneut Mittelpunkt zu sein, diesmal mit einer Reise in einem eigens gemietetem Zug und mit Bühnenauftritten an jedem Abend. Er war Solist in der *Rhapsody*, den *Variationen* und dem *Concerto*; dazu gab es den *Amerikaner* und eine unbedeutende Einlage amerikanischer Songs mit dem Tenor James Melton. 12000 Meilen wurden in 28 Tagen zurückgelegt, die Konzerte fanden in teilweise weit auseinanderliegenden Städten statt. Der finanzielle Ertrag, auf den Gershwin gehofft hatte, blieb freilich aus.

Auch als Gershwin den Auftrag für eine mehrmonatige Rundfunkserie annahm, ließ er sich hauptsächlich von pekuniären Gesichtspunkten leiten. Für 2000 Dollar Gage pro Woche verpflichtete er sich, ab 19. Februar zweimal wöchentlich je fünfzehn Minuten amerikanische Musik zu spielen und zu kommentieren. Dabei berücksichtigte er sein Schaffen ebenso wie Komponisten seines Umfelds, etwa Harold Arlen, Morton Gould und auch seinen Bruder Arthur, der zu komponieren begonnen hatte. Das Unternehmen setzte sich nach einer sommerlichen Unterbrechung im Oktober fort; jetzt war eine Halbstundensendung pro Woche zu bestreiten. Obwohl Gershwin vermögend war, hat er geäußert, die Rundfunkarbeit habe ihm die Arbeit an der Oper ermöglicht. Gesponsert wurde seine Serie – wie in den privaten Radiostationen der USA durchweg üblich – von der Firma Feenamint, dem Hersteller eines Abführmittels auf Kaugummibasis. Das glich fast einer Ironie des Schicksals, da Gershwin sein Leben lang an chronischer Obstipation litt.

Immerhin richtete er sein Augenmerk trotz dieser Tätigkeit, die ihn bei seinem Talent zur Improvisation nicht viel Vorbereitungszeit gekostet haben dürfte, auf die Komposition von *Porgy*. Er schrieb die Musik nicht nach der inhaltlichen Abfolge des Librettos, sondern griff einzelne Nummern oder Szenen aus Heywards Text zur Vertonung heraus. Der Schriftsteller akzeptierte, wenn auch zunächst widerstrebend, Gershwins Rundfunkarbeit. Radio und Film, so schrieb er 1935, hätten heutzutage für lebende Autoren dieselbe Bedeutung wie der Fürst für Villon und König Ludwig II. für Wagner.[70]

Engste Kontaktnahme für ihre gemeinsame Arbeit war nun dringend geboten. Mitte Juni 1934 reiste Gershwin deshalb in Begleitung seines Vetters Botkin nach Charleston. Auf Folly Beach, einer kleinen Insel, 10 Meilen von Charleston entfernt, wo Heyward ein Sommerhaus besaß, mieteten sie eine primitive Unterkunft, die der Komponist klaglos akzeptierte. Die Ablenkungsmöglichkeiten waren minimal, Gershwin stürzte sich voll auf seine Arbeit. Als günstig und anregend erwies sich, daß er hier mit den Gullahs, die auf dem angrenzenden James Island lebten, in Berührung kam. Ihre Lebensgewohnheiten entsprachen zu der Zeit mehr als die anderer Negerstämme afrikanischer Ursgesittung. Was Gershwin den Gullahs absah, übertrug er auf die Bewohner der Catfish Row in der Oper. Zum ersten- und einzigenmal sah sich Gershwin als Komponist nachhaltig mit einer außerstädtischen Kultur konfrontiert, die bemerkenswerte Spuren in seiner Arbeit hinterließ. Er wurde dadurch stark angeregt zum Komponieren, das ihm leicht von der Hand ging. Einige aufgenommene Eindrücke fanden ihren unmittelbaren Reflex in der Oper, ohne daß er in naturalistische Nachahmung verfiel. Ein Beispiel ist die rhythmische und melodische Polyphonie des Gebets in der Sturmszene im 2. Akt. Vorbild für sie hatte die Gebetszeremonie einer Gruppe von Holy Rollers abgegeben. Der Komponist hatte sie gemeinsam mit Heyward, als sie vor einem Schuppen standen, der als Kirchenraum diente, gehört. Dabei war ihm aufgefallen, daß einzelne Menschengruppen individuelle Gebetsmelodien anstimmten, die sich rhythmisch ineinander verzahnten und dann zu einer Einheit verschmolzen. Gershwin behielt diesen Eindruck in frischer Erinnerung und setzte ihn nach der Rückkehr von der Reise in sein Kompositionskonzept ein.

Inzwischen war Ira Gershwin auf Wunsch seines Bruders als Mitarbeiter an den Songtexten hinzugezogen worden. Seine Zusammenarbeit mit Heyward bewährte sich sehr. Heyward blieb selbstverständlich der Hauptlibrettist, er verfaßte die mehr poetischen Songtexte, während Ira die intellektuellen übernahm. Um Beispiele anzuführen: von Heyward stammten *My Man's Gone Now, Summertime, A Woman Is a Sometime Thing*, von Ira Gershwin *There's a Boat Dat's Leavin' Soon for New York* und *It Aint't Necessarily So* (beide aus der Sphäre von Sporting Life). Zusammen schrieben die Autoren Nummern wie *I Got Plenty o' Nuttin', Bess, You Is My Woman Now* und *It Takes a Long Pull to Get There*. Gershwins Aktivität bei der Komposition von *Porgy* war durch den Aufenthalt auf Folly Beach für knapp zwei Monate sehr angespornt worden, und er ließ sich danach durch nichts mehr unterbrechen. *Porgy* stand jetzt im Vordergrund, ja, das Ende der Kompositionsarbeit zeichnete sich bereits ab. Die wieder anlaufenden Rundfunksendungen ab Oktober absorbierten ihn nicht sonderlich. Wie aus Briefen an Heyward hervorgeht, machte er sich Gedanken über den Probenbeginn. Daneben konzentrierte er sich auf die Suche nach farbigen Sängern, die dringend gefunden und engagiert werden mußten. Die Theatre Guild verfügte natürlich über kein festes Ensemble; außerdem ließ sie sich zum erstenmal auf das Abenteuer einer Opernproduktion ein, brauchte also fachlichen Rat. Bei seiner Suche stieß Gershwin auf Todd Duncan, der in der Uraufführung Porgy wurde. Mit dem Regisseur Ernst Lubitsch beriet er sich über szenische Details. Ende 1934 wurde Rouben Mamoulian, der Inszenator des Schauspiels «Porgy», nun auch als Regisseur für die Oper endgültig gewonnen. Er willigte ein, bevor er nur einen Takt der Musik gehört hatte. Als Dirigent wurde Alexander Smallens ausersehen. Alexander Steinert, ein Freund Gershwins mit beträchtlicher Opernerfahrung, übernahm die Sängereinstudierung. Überhaupt ist bemerkenswert, daß abgesehen von der Sängerbesetzung – Anne Wiggins Brown kam als Bess hinzu, John W. Bubbles als Sporting Life – das gesamte Produktionsteam der Oper aus Weißen bestand.

Ende Januar 1935 unternahm Gershwin eine kurze Reise nach Palm Beach (Florida) ins Haus von Emil Mosbacher. Vorher hatte er die ersten beiden Akte seinem Verleger geschickt. Das war nach wie vor Max Dreyfus, der allerdings jetzt der neugegründeten Gershwin Publishing Company, einem Ableger des englischen Musikverlags Chappell & Co., Inc., vorstand. Dreyfus hatte schon 1929 seine Anteile für eine geschätzte Summe zwischen acht und zehn Millionen Dollar an Harms verkauft, war aber erst Anfang 1935 zu Chappell übergewechselt, wo Gershwin neben *Porgy* weitere Songs und die Musik zu seinen nachfolgenden drei Filmen herausbrachte.

In Florida arbeitete der Komponist an der Orchestrierung der Oper, wobei sich Verzögerungen einstellten, wie er an Ira nach New York schrieb.[71] In einem Brief vom 16. Mai 1935 an Joseph Schillinger klagte er über langsame Arbeitsfortschritte und bat um einige Unterrichtsstunden. Es scheint unbezweifelbar, daß Schillinger an der Instrumentation der Oper mittelbar beteiligt gewesen ist. Mitte Juni leistete sich Gershwin dann wieder den Luxus eines selbstfinanzierten Orchesterdurchgangs von *Porgy and Bess* mit einem Ensemble von 43 Musikern. Die Probe dauerte zweieinhalb Stunden; demnach können nur Teile der Partitur durchgespielt worden sein.[72]

Auf jeden Fall hatte Gershwin nach seiner Rückkehr aus Palm Beach besonders angestrengt zu arbeiten begonnen, weil der Probenbeginn für August angesetzt war. Die Bostoner Vorpremiere sollte am 30. September stattfinden. Bis dahin überschlugen sich die Vorbereitungen. Gershwin hörte Vorsingen an, nahm an musikalischen und szenischen Vorbereitungen teil, stand im Gedankenaustausch mit Heyward und seinem Bruder wegen notwendiger Änderungen, überwachte die Fertigstellung der Partitur. Kay Swift war unermüdlich behilflich beim Kopieren und Korrekturlesen. Um die Herstellung des Orchestermaterials machte sich Dr. Albert Sirmay, Musikdirektor von Chappell, verdient. Gershwin kümmerte sich auch um die Öffentlichkeitsarbeit und gab Pressekonferenzen und Interviews.

Das vom Komponisten auf der letzten Partiturseite eingetragene Datum ist der 23. August 1935. Das war drei Tage vor Probenbeginn. Eine andere Eintragung auf der ersten Seite besagt, daß die Arbeit erst am 2. September beendet worden war. Der offizielle Titel wurde in *Porgy and Bess* geändert, damit sich die Oper vom Schauspiel DuBose Heywards unterschied. Im Untertitel stand die Bezeichnung Volksoper; damit war der Charakter des Werks fixiert. Nach der sehr positiv aufgenommenen Bostoner Uraufführung schrieb der Kritiker Francis D. Perkins in der «New York Herald Tribune» von einer «bemerkenswerten Leistung auf einem neuen Sektor» und von «einer ungewöhnlich effektiven Handwerklichkeit»; das Werk weise «einen deutlichen Fortschritt in Gershwins Entwicklung» auf.[73] Aber im ganzen fielen die Kritiken, vor allem nachdem die Oper auch am 10. Oktober im Alvin Theater in New York Premiere gehabt hatte, geteilt aus. Olin Downes, von jeher rigide in seinen Ansichten über Gershwins Konzertwerke, konstatierte an *Porgy and Bess* einen Stil, der für einen Opernkomponisten nicht eindeutig ausgebil-

Mit Luigi Pirandello (links) und Rouben Mamoulian

det sei; er schwanke zwischen Oper, Operette und reiner Broadway-Unterhaltung.[74] Es existierten am Ende so viele Meinungen, wie Kritiker anwesend gewesen waren. Zusätzlich erschwert wurde die Beurteilungslage dadurch, daß die Berichterstatter sich aus den Sparten Oper und Schauspiel rekrutierten. So bemängelten die einen das Fehlen von Dialogen, andere charakterisierten die Oper als eine Aneinanderreihung von herausragenden Songs, welche die musikalische Reinheit des Werks störten; sie seien nicht als integrale Teile eines tragischen Musikdramas aufzufassen. Gershwin antwortete mit einem Artikel in der «New York Times» am 20. Oktober 1935 und arbeitete den Begriff Volksoper heraus. Er wies darauf hin, daß noch nie vorher das Leben der Neger auf einer Musikbühne dargestellt worden sei, diese Aufgabenstellung aber gerade eine Volksmusik verlangt habe, wobei er nicht Originalmodelle verwendet, sondern eine eigene Musik im volkstümlichen Stil komponiert habe.[75]

Porgy and Bess wurde nicht der Erfolg, den Gershwin und Heyward sich erwartet hatten. Finanziell warf die Oper so gut wie nichts ab – Gershwin mußte 10000 Dollar Kopistenkosten selbst tragen. Aber auch der stilistische Sonderfall des Werks wurde nicht erkannt oder gar zutref-

97

fend beschrieben. Die ihr gebührende durchschlagende Anerkennung hat die Oper erst nach Gershwins Tod gefunden, besonders auf weltweiten Gastspielreisen bis in die Sowjet-Union, die Türkei, in die Mailänder Scala und natürlich durch Deutschland nach dem Zweiten Weltkrieg, jeweils mit farbiger Originalbesetzung. In den deutschen Opernspielplänen hatte sie in den sechziger und siebziger Jahren die Chance, zum Repertoirewerk zu avancieren. Aber dieser Entwicklung haben Gershwins Erben entgegengewirkt. Sie verfügten, daß ausschließlich eine reine Farbigen-Besetzung die Oper aufführen darf – ein übrigens von des Komponisten Idee her gesehen sehr legitimes Dekret. In die New Yorker Metropolitan Opera fand das Werk genau 50 Jahre nach der Uraufführung unter der musikalischen Leitung von James Levine in einer strichlosen Fassung Eingang.[76]

Heute stellt sich Gershwins Oper als sein herausragendstes und qualitativ bedeutendstes Werk überhaupt dar; allerdings läßt es sich auch mit nichts anderem vergleichen: es ist singulär. Die formale und innere Geschlossenheit, die kompositorische Logik hatte für Gershwin nie vorher in einem Werk als unabweisbare Forderung so zur Diskussion gestanden wie in *Porgy and Bess*. Alles andere zuvor hatte Detailarbeit bedeutet, die Oper dagegen mobilisierte einen Sinn für Vereinheitlichung der Mittel und Wirkungen, den Gershwin ohne sonderliche Schwierigkeit sozusagen auf Anhieb aufbrachte, wie er bewiesen hat. Gershwins künstlerische und wohl auch gesellschaftliche Umwelt unterschätzte den entscheidenden Zukunftsschritt nach vorn, den er vollzogen hatte. Er war hier in einer Gattung aktiv geworden, die er mit dem von ihm eingelösten Sonderfall bereichert hat. Aber in Gershwins Umgebung – und wohl auch für ihn selbst bis zu einem gewissen Grad – zählte nicht das Kunstergebnis, sondern der Serien-, der Ensuite-Erfolg. Der blieb der mehr intellektuellen als unterhaltsam-vordergründigen *Porgy*-Oper zunächst versagt. 124 Vorstellungen im Alvin Theater und eine Tournee vom 27. Januar bis 21. März 1936 nach Philadelphia, Pittsburgh, Chicago und Washington boten, gemessen an Musical-Serien, ein ärmliches Ergebnis. Und das zählte, nicht hingegen Gershwins innovatorisch-künstlerische Errungenschaften, die auch die Kritik offensichtlich nicht mitvollziehen konnte.

Psychoanalyse,
Filme in Hollywood, das Ende

George Gershwins Kräfte waren bei seiner letzten Arbeit wenn nicht überspannt, so doch angespannt worden. Er hatte leicht komponiert, sich bei der Durcharbeitung der Partitur hingegen bis zum letzten gefordert gefühlt. Vor allem war das Genre für ihn neu gewesen. Vielleicht hatte er dabei ein Stück Naivität und Unschuld verloren. Auf jeden Fall hatten die Umstände es offenbar mit sich gebracht, daß er sich in seinem Selbstverständnis beeinträchtigt fühlte. So vertraute er sich der Psychoanalyse an, wahrscheinlich schon Ende 1934. Er geriet glücklicherweise in die Hand eines seriösen Spezialisten, des feinsinnigen und außerdem künstlerisch beschlagenen russischen Psychiaters Dr. Gregory Zilboorg (1890–1959), einer Kapazität mit vielen prominenten Patienten. Er war nach der sowjetischen Revolution in die USA gekommen. In den einstündigen Sitzungen meist fünfmal die Woche hoffte Gershwin, von Ängsten, Depressionen, Hypochondrien, von den Begleiterscheinungen seines composer's stomach und von der chronischen Obstipation, an der er seit 1922 litt, befreit zu werden. Behandlungsergebnisse sind nicht überliefert. Nur entwickelte sich zu Zilboorg ein freundschaftliches Verhältnis. So begleiteten der Arzt und Edward Warburg, Direktor der American Ballet School, Gershwin im November 1935 auf einer Mexiko-Reise, von der sie am 17. Dezember zurückkehrten. Gershwin traf dort mit den Malern Siqueiros und Diego Rivera (1886–1957) zusammen, deren radikal linksorientierte politische Einstellung ihm offensichtlich in dem Maße zusagte, wie sie den revolutionsverschreckten Russen Zilboorg verstörte.

Das *Porgy*-Ensemble bereitete dem zurückkehrenden Komponisten einen großen Empfang am Hafenpier. Den ebenfalls erschienenen Journalisten erklärte Gershwin zu deren Verblüffung, er beginne sich für Politik zu interessieren und habe viele Gespräche mit Rivera und seinen radikalen Freunden geführt. Das war so übertrieben wie vieles, was Gershwin in seiner Naivität bei solchen Anlässen äußerte. Von der mexikanischen Musik, so fuhr er fort, sei er hingegen völlig unbeeindruckt geblieben. So war am Tag darauf im «Herald Tribune» zu lesen, Gershwin halte die Musik Mexikos für monoton.[77]

Zum erstenmal brachte Gershwin von einer Reise weder Pläne noch Skizzen mit. Die fünfzehn Jahre seines Erfolgs von *La-La-Lucille!* 1919

Mit seiner Mutter Rose, 1936

bis zur Fertigstellung von *Porgy and Bess* Mitte 1935 waren abgelaufen. Die Lebenskurve mit der spektakulären Karriere hatte den Gipfelpunkt erreicht, Gershwins Aktivitäten waren an einem offensichtlichen Ende angelangt, seine Empfänglichkeit für Neues stagnierte. Auch gab es keine Aufträge. Gershwin schloß sich in dieser Zeit eng an Kay Swift an, die inzwischen von James Warburg geschieden war. Aber für eine Bindung an sie konnte er sich nicht entscheiden. Sein Leben verlief in jeder Beziehung, also auch in diesem Punkt, schwankend und ohne Zielsetzung.

Aus seiner Oper stellte Gershwin Anfang 1936 eine fünfteilige Suite zusammen, die später den Namen *Catfish Row* erhielt. Sie besteht aus unverbundenen Sätzen, im Gegensatz zu Robert Russell Bennetts pausenloser symphonischer Suite, die ein Arrangement darstellt. Gershwin hingegen berücksichtigte stärker Instrumentalteile wie die *Jazzbo Brown piano music*, das Verbindungsstück zwischen der Ouvertüre und dem Wiegenlied *Summertime*, das er vor der Aufführung der Oper wieder eliminiert hatte, ferner die Fuge und die Hurrican-Musik. Die Suite, von Alexander Smallens am 21. Januar 1936 mit dem Philadelphia Orchestra zum erstenmal aufgeführt, verfolgte unter anderem den Hintergedanken, für die Oper zu werben. *Catfish Row* ist aber nie populär geworden, im Gegensatz zu Bennetts Version, die 1941/42 für Fritz Reiner und die Pittsburgh Symphony entstand. Gershwins Versuch, Dreyfus dazu zu bestimmen, eine Tournee mit *Porgy and Bess* nach Europa zu organisieren, scheiterte. Eine andere Tournee im Westen Amerikas war für März 1937 geplant, realisierte sich aber erst nach Gershwins Tod ab Februar 1938. So blieb die New Yorker Uraufführungs-Inszenierung die einzige, die der Komponist selbst von seiner Oper sah. Die späteren Inszenierungen sind übrigens auch erhebliche finanzielle Erfolge zugunsten Gershwins Erben geworden.

Das Jahr 1936 brachte Gershwin einige Konzertverpflichtungen. Die herausragendste betraf erneut einen reinen Gershwin-Abend im Lewisohn-Stadion am 9. und 10. Juli unter Alexander Smallens mit George als Solist in der *Rhapsody in Blue* und im *Concerto in F*, mit dem *American in*

Robert Russell Bennett

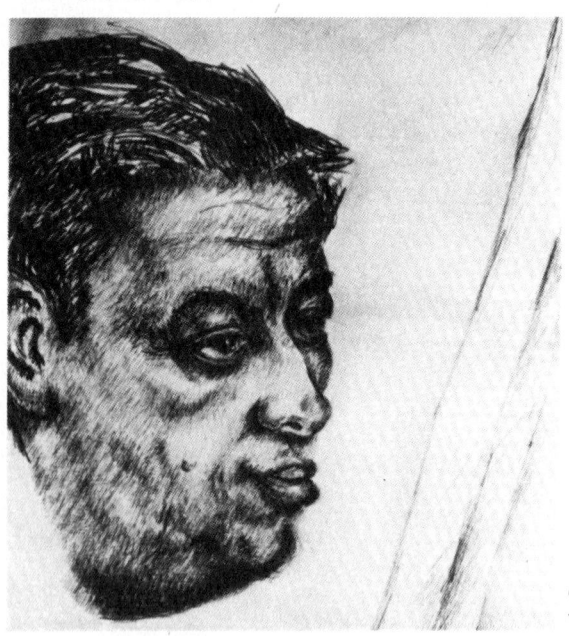

Dr. Gregory Zilboorg (Skizze von Gershwin)

Gershwins Zeichnung von Diego Rivera

Selbstkarikatur mit einem Songthema aus «Porgy and Bess»

Paris und Nummern aus *Porgy and Bess*, gesungen von der Originalbesetzung der New Yorker Uraufführung. Im Gegensatz zu dem früher mit knapp 18000 Zuhörern vollbesetzten Stadion kamen diesmal am ersten Abend nur 7000. Lag das nur an der mörderischen Hitze an diesem Tag, wie der Veranstalter Gershwin einreden wollte, oder zeichnete sich ein nachlassendes Interesse an dem Komponisten ab? Im übrigen enthielten diese Programme stets dieselben Werke, die weniger publikumswirksamen wie die *Second Rhapsody*, die *Cuban Overture* oder gar die *I Got Rhythm-Variationen* wurden von vornherein vernachlässigt. Gershwins letzter öffentlicher Auftritt in New York vor seinem Tod lag jedenfalls unter gedämpftem Licht.

Am 10. August 1936, mit seinem Abflug nach Kalifornien in Begleitung seines Bruders und seiner Schwägerin, begann Gershwins letzte Lebensetappe von nicht ganz einem Jahr. Als Aufgabe lag Filmarbeit vor den Brüdern. Dem Vertragsabschluß waren ziemlich hartnäckige Verhandlungen voraufgegangen. Gershwin war zwar ein berühmter Broadway-Komponist. Aber die Filmleute von der Westküste kalkulierten dennoch eiskalt. Für sie hatte sich der *Porgy*-Komponist zu einer Persönlichkeit mit höheren Ambitionen gewandelt. War Gershwin noch gewillt und fähig, nicht nur Schlager, sondern auch Erfolgsschlager, also eine auf Anhieb konsumierbare Musikware, zu erfinden?

Mit der heute existierenden Möglichkeit ausgestattet, Gershwins Lebenswerk nach seiner Relevanz einzustufen, muten uns diese heimlichen Zweifel an seiner Kompetenz grotesk und fatal an. Aber die Realität sah unter dem Aspekt des nüchternen Kommerzes, der für die Filmindustrie obenan stand, anders aus. Gershwin wurde in seiner etwas geschwächten Position schonungslos gesehen im Gegensatz zu 1931, als er die Filmmusik zu «Delicious» vor dem Hintergrund seines *Girl Crazy*-Erfolgs anging. So gingen die Verhandlungen hin und her, Gershwins Agentur war mit verschiedenen Produzenten im Gespräch. Eine Hunderttausend-Dollar-Forderung für die Brüder ließ sich nicht durchsetzen. Schließlich gab es Ende Juni einen Vertrag über 55000 Dollar für einen Film mit einer Vertragszeit von sechzehn Wochen, eingeschlossen die Option für einen zweiten Film für ein Entgelt von 70000 Dollar. Mitte Juli wurde George das Interesse Samuel Goldwyns an einem dritten Film signalisiert.

Die Gershwins konnten deshalb von einem einjährigen Aufenthalt im Westen ausgehen. Sie gaben ihre New Yorker Unterkünfte auf und betrieben einen regelrechten Umzug nach Hollywood. George Gershwin hatte schon seit der ausgedehnten Konzertreise Anfang 1934 Paul Mueller als eine Art Faktotum engagiert. Als die Gershwins nach einer kurzen Übergangszeit in einem Hotel am North Roxbury Drive in Beverly Hills für 800 Dollar Monatsmiete ein komfortables Haus im spanischen Stil mit eigenem Tennisplatz und Swimmingpool als Dauerquartier bezogen hatten, ließ sich George durch Paul Mueller größere Teile seiner Bildersammlung von New York nachbringen.

Das Leben in Hollywood gestaltete sich nach Gershwins Worten *very gemutlich*. Er fand die Filmbranche verändert (oder wollte sie so sehen); schließlich war er mit der Filmpraxis inzwischen vertraut und akzeptierte, daß ein Einfluß seinerseits auf die Produktionen selbst nicht möglich war, zumal sie sich bei dem Filmgewaltigen Pandro S. Berman in fester Hand befanden. Gershwin und sein Bruder hatten ein Medium mit Musik zu bedienen nach bestimmten Vorgaben. Da sie beide schnell und genau arbeiteten, blieb ihnen Zeit für ein ausgiebiges Privatdasein inmitten der Hollywood-Gesellschaft. Sie setzte sich damals aus vielen New Yorker Show-Größen und Komponisten, die der Film angelockt hatte, zusammen. George fing sein Leben gewissermaßen bei einem neu gesetzten Nullpunkt an, zumal er sein Verhältnis zu Kay Swift bereinigt hatte: zwischen beiden galt die Verabredung, daß sie sich für mindestens ein Jahr weder sehen noch schreiben würden.[78]

Eine auf allen Seiten vielbeachtete Verbindung, die sich aber gesellschaftlich offensichtlich nicht intensivierte, ergab sich zwischen Gershwin und Arnold Schönberg in Hollywood. Sie ist wegen der gegensätzlichen musikalischen Charaktere der Komponisten, wegen ihres Kuriositätswertes sozusagen, in der Gershwin- wie auch in der Schönberg-Biographik dankbar fixiert worden. Aufschlußreich über die persönliche Begegnung

Im Hollywooder Filmstudio, neben Gershwin sitzen Ginger Rogers und Fred Astaire

beider 1936 hinaus, die auf gemeinsamer Leidenschaft zum Tennisspiel beruhte – Gershwin lud den 24 Jahre älteren emigrierten Wiener auf seinen privaten Tennisplatz ein –, ist die Tatsache, daß Gershwin schon drei Jahre früher auf den Namen Schönberg reagiert hatte. Als Joseph Malkin für sein neugegründetes Bostoner Konservatorium Schönberg als Lehrer verpflichtete, es ihm aber an Geldmitteln fehlte, legte er für potentielle Schönberg-Schüler Studenten-Stipendien auf. Damals zeichnete Gershwin ein solches Stipendium als erster, Leopold Stokowsky als zweiter.[79] Da von Gershwin keine anderweitigen Spendenaktionen in solcher Richtung bekannt sind, muß man daraus schließen, daß er 1933 gezielt auf den Namen Schönberg reagiert hat – vielleicht in Erinnerung an den Eindruck, den dessen Streichquartette 1928 in Paris auf ihn gemacht hatten. Anfang 1937 malte Gershwin sein sehr bekannt gewordenes, heute in der Library of Congress in Washington verwahrtes Ölbild von Schönberg. Der Wiener Zwölftonkomponist hat Gershwin nach dessen Tod einige Male ehrenvoll erwähnt.[80]

Es entsprach Gershwins oft strohfeuerhafter Begeisterungsfähigkeit, daß er nach einem Konzert mit Schönberg-Quartetten äußerte, auch ein Streichquartett schreiben zu wollen; «aber es wird etwas Einfaches sein, wie Mozart»[81]. Der Satz zeigt, abgesehen von der naiven Leichtfertigkeit in der Einschätzung Mozarts, daß Gershwin sein eigenes technisches Vermögen, gemessen an der intrikaten Technik Schönbergs, bescheiden einstufte. Auch von einem neuen Konzertstück für 1937 war die Rede.[82] Aber nichts konkretisierte sich, selbst Arbeitsansätze oder ernsthafte Gedanken Gershwins in dieser Richtung sind nicht überliefert.

Die kompositorische Ausbeute des Hollywood-Jahres 1936/37 bis zu Gershwins Tod waren zwanzig Songs für drei Filme, von denen er den ersten, «Shall We Dance», mit Fred Astaire und Ginger Rogers noch erlebte. «A Damsel in Distress» und «The Goldwyn Follies» kamen erst vier bzw. sieben Monate nach seinem Tod heraus. Unterbrochen wurde die Zeit durch einige Konzerte von Dezember bis Februar 1937 in Seattle, in San Francisco unter Pierre Monteux, in Berkeley, Detroit und Los Angeles unter Alexander Smallens (eine Zusammenarbeit mit Otto Klemperer hier zerschlug sich). Die New Yorker Theatre Guild fragte bei Gershwin an, ob er Interesse habe an einer neuen Operette. Der Presse gegenüber sprach er sich vage für eine Cowboy-Oper und gegen eine Indianer-Oper aus. Von anderer Seite gab es den Plan für ein Musical über die Entstehung eines Musicals, also mit Selbstdarstellungen der Autoren – ein Projekt, aus dem sich Ira Gershwin schon in der Planungsphase auskoppelte. Und ein dritter Vorschlag kam von dem Schriftsteller Lynn Riggs für eine mexikanische Geschichte als Oper. Hier reagierte Gershwin zurückhaltend, weil er bei neuen Opernüberlegungen zunächst DuBose Heyward als Librettist stets den Vorrang einräumen wollte. Alle diese Vorhaben blieben im Gesprächs-Stadium.

Über George Gershwins letzte zwölf Monate Lebenszeit existieren zuwiderlaufende Berichte, die nicht frei sind von spekulativen Rückschlüssen. Sicher wäre es falsch, wollte man die Hollywood-Zeit unter dem Vorzeichen seines frühen und tragischen Todes sehen. Wahr ist lediglich, daß der anerkanntermaßen sehr berühmte Komponist nach der Uraufführung seiner Oper *Porgy and Bess* eine Phase der Inaktivität, gemessen an den früheren Tätigkeits-Turbulenzen, durchlebte. Er mußte zur Kenntnis nehmen, daß sich das Publikum von ihm zurückzog, wenn seine Offerte nicht genau dessen Erwartungshaltung traf. In seinem Vortrag *Der Komponist und das Maschinenzeitalter*[83] hatte er die These gewagt, in früheren

Zeiten hätten Komponisten hungern müssen, weil ihnen die Aufführungsmöglichkeiten fehlten, sie also nicht gehört wurden. Schubert habe kein Geld verdient, weil es zu seiner Zeit an Verbreitungsmöglichkeiten gefehlt und er sein Publikum nicht erreicht hätte. Wenn er heute lebte, wäre er wohlhabend. Gershwin hat sich öfter wie auch in diesem Fall aus Halbkenntnis geäußert. Mozart und Beethoven besaßen immerhin die gleichen Verbreitungsmöglichkeiten wie Schubert und wurden trotzdem viel gespielt und waren sehr bekannt. 1937 mußte Gershwin erkennen, daß ihn seine Popularität reich gemacht hatte, auch bei ihm jedoch Vorstöße in ein relatives Neuland (wie bei *Porgy*) oder Qualitätsumschichtungen gegen den Publikumsgeschmack (wie in der *Cuban Overture*) nicht akzeptiert wurden.

Daß Gershwins schöpferische Stagnation in die Hollywood-Zeit fiel, ist zufällig und darf nicht überbewertet werden. In der Hollywood-Zeit entwickelte sich ein lebhafter Briefwechsel zwischen dem Komponisten und Mabel Schirmer.[84] Aus ihm läßt sich eine (vielleicht nur ihr gegenüber geäußerte) maßvoll lethargische Stimmung Gershwins ablesen, auch eine Sehnsucht nach den Freunden in New York wie den Paleys und anderen. Andererseits tauchte Gershwin wieder bedenkenlos in die oberflächliche Gesellschaft ein wie zu allen Zeiten, benutzte die Anlässe zum Feiern, wie sie fielen, und er unterhielt mit seinem Klavierspiel die Leute wie eh und je. Er machte schönen Frauen den Hof und dachte bei Paulette Goddard ernstlich ans Heiraten, obwohl sie Charlie Chaplins Ehefrau war. Vor Kay Swift hingegen, die er hätte heiraten können, war er geflohen.

Einige von Gershwins Unausgeglichenheiten gingen wohl in der Tat auf Kosten seiner lange unentdeckten Krankheit, die plötzlich auftrat und schnell verlief. Seine schöpferische Krise, wenn man seinen Finalzustand so nennen will, war aber sicher mehr auf äußere Beweggründe zurückzuführen, war keineswegs ein Vorzeichen seines Todes. Der Gehirntumor, an dem er unwissend litt, mußte zwangsläufig einen tödlichen Verlauf nehmen.

Erste Anzeichen hatten sich eingestellt, als Gershwin im Februar 1937 in Los Angeles mit dem Philharmonischen Orchester Ausschnitte aus *Porgy and Bess* als Dirigent probierte. Er begann plötzlich zu schwanken, und als er zu fallen drohte, sprang Paul Mueller aufs Podium und fing ihn auf. Nur einen Augenblick später konnte er die Probe fortsetzen, als ob nichts passiert wäre. In der abendlichen Aufführung verlor er als Pianist im *Concerto* den Faden und half sich mit einigen improvisierten Noten. Danach klagte er über scharfe Geschmacksempfindungen wie nach verbranntem Gummi. Eine ärztliche Konsultation, die daraufhin erfolgte, verlief negativ. Im April kam es zu neuen Schwindelanfällen und scharfer Geruchsempfindung, dem aber keine Bedeutung beigemessen wurde. Eine unübersehbare Verschlechterung seines Gesundheitszustands trat im Juni ein. Gershwin litt nun unter schweren Kopfschmerzen, Erschöpfungszuständen und ungewohnter Reizbarkeit.

George Gershwin selbst redete sich mit Überarbeitung heraus; dem widersprachen hinzugezogene Ärzte, ohne allerdings konkrete Befunde vorweisen zu können. So wurde er vorübergehend im Cedars of Libanon Hospital stationär untersucht. Aber die üblichen Blut- und Röntgenuntersuchungen ergaben keine positive Diagnose. Einer Lumbalpunktion mit der Möglichkeit, die Rückenmarksflüssigkeit zu untersuchen, die das Krankheitsbild gezeigt haben würde, widersetzte sich Gershwin, weil er die Schmerzhaftigkeit der Prozedur fürchtete. Im übrigen wollte er auch keine Zeit für seine Arbeit verlieren. Als Harold Arlen mit seiner Frau und Yip Harburg, die an einer Show arbeiteten, nach New York zurückgingen, bot Harburg Gershwin sein Haus an. George akzeptierte, weil er glaubte, daß Einsamkeit ihm helfen könnte. Er lebte dort mit einem Krankenpfleger zusammen.

Ein seltsamer Zwischenfall ist aus den ersten Juli-Tagen überliefert. Als Gershwin auf dem Beifahrersitz mit Mueller im Auto zum Arzt fuhr, gelang es ihm, die Fahrertür zu öffnen; Mueller konnte nur mit Not verhindern, von Gershwin aus dem fahrenden Wagen gestoßen zu werden. Angesprochen auf den noch einmal gut ausgegangenen Vorfall, fand Gershwin keine Erklärung. In den nächsten Tagen kam es zu weiteren harmlosen Mißreaktionen. So verdunkelte Gershwin die Zimmer mitten am Tag, zeigte sich übelgelaunt, wurde unberechenbar. Sein Klavierspiel wurde Ohrenzeugen zufolge hilflos, ja geradezu stümperhaft. Gespenstisches ereignete sich, als er ein Schokoladenpräsent zugeschickt bekam: er zerknetete die Stücke zu einer Masse, mit der er sich von oben bis unten beschmierte.[85]

Das Endstadium der Krankheit begann am 9. Juli 1937. Nach lethargischem Tagesverlauf schlief Gershwin nachmittags ein und fiel in ein Koma, aus dem er nicht wieder erwachen sollte. Intensive Versuche zu seiner Rettung in den letzten Stunden gestalteten sich abenteuerlich. Im Krankenhaus diagnostizierte der Neurochirurg Dr. Carl Rand Gehirntumor. Für den eiligst gebotenen Eingriff versuchte man Dr. Walter Dandy, eine Koryphäe auf dem Spezialgebiet der Neurochirurgie, aus Baltimore zu erreichen. Aber Dandy machte Urlaub auf einer Segelyacht in der Chesapeake Bay. Gershwins Berühmtheit rechtfertigte und ermöglichte ungewöhnliche Maßnahmen. Das Weiße Haus ließ die Yacht Dandys durch zwei Marinezerstörer aufbringen. Mit einer Motorradeskorte wurde der Arzt weiter nach Maryland gebracht. Auf dem Newark Airport hatte Emil Mosbacher eine Maschine gechartert. Wegen der zeitaufwendigen Aktion und des zunehmend schlechter werdenden Zustands Gershwins unternahm man an der Westküste parallel Initiativen. Eine andere medizinische Kapazität wurde an der Universitätsklinik in Berkeley aufgetan, Dr. Howard Naffziger. Auch er befand sich in Urlaub und war telefonisch unerreichbar. Paul Mueller fand ihn und flog mit ihm nach Los Angeles. Naffziger begann sofort mit den Untersuchungen und operierte dann, nachdem mit Dandy, der gerade zum Abflug von Newark starten wollte, telefonische Kontakte stattgefunden hatten. Das war am 10. Juli. Die eintreffende Nachricht, daß Gershwin von der römischen Accademia di Santa Cecilia zum Ehrenmitglied ernannt worden war, hatte den Todgeweihten nicht mehr erreicht.

Am 11. Juli 1937, einem regnerischen Sonntag, starb George Gershwin um 10 Uhr 35 Ortszeit. Der Tumor hatte sich als inoperabel erwiesen. Selbst wenn er hätte entfernt werden können, würde sich der Krankheitsverlauf schleichend fortgesetzt haben, wie Dr. Dandy im nachhinein konstatierte. Gershwins Leiche wurde nach New York überführt. Die Trauerfeier fand am 15. Juli in der Synagoge Emanu-El in Manhattan zur gleichen Zeit wie eine Trauerfeier in der Synagoge B'nai B'rith an der Westküste statt. Zu Beginn der simultanen Feiern wurde in den Filmstudios von Hollywood eine Schweigeminute zu Ehren des Toten eingelegt. Die New Yorker Synagoge faßte 3500 Trauergäste, unter ihnen viele Offizielle aus Politik, Musik und Theater, mit denen Gershwin zusammengearbeitet hatte. Der Tote wurde auf dem Friedhof Mount Hope in Hawtings-on-Hudson in einem Mausoleum beigesetzt.

Rose Gershwin beerbte ihren Sohn. Da der Wert der Kompositionen aus erbschaftssteuerlichen Gründen ziemlich niedrig angesetzt wurde, betrug die Netto-Erbschaft eine Höhe von nur rund 350 000 Dollar. Nach Roses Tod im Dezember 1948 wurde das Erbe nach ihrem Willen in zweimal 40 Prozent für Arthur und Frances und 20 Prozent für Ira aufgeteilt. Dabei ist zu berücksichtigen, daß Ira seinerseits wohlhabend war dank seiner Arbeit mit und ohne George.

Ira Gershwin, der es im Gegensatz zu seinem Bruder immer bevorzugt hatte, nicht im Blickpunkt der Öffentlichkeit zu stehen, blieb nach Georges Tod mit seiner Frau in Beverly Hills. Aus seines Bruders Hinterlassenschaft, die rund hundert Songs, teils skizzenhaft, teils in unvollständiger Ausführung enthielt, hat er, vor allem mit Hilfe von Kay Swift, Nummern komplettiert und herausgegeben. Natürlich war er auch an Filmen mit Musik Gershwins, die nach dessen Tod erschienen, maßgeblich beteiligt. Die erste Arbeit war der Film «The Goldwyn Follies», über dem Gershwin gestorben war, den Ira mit Vernon Duke zu Ende führte. An eigenen Arbeiten Iras entstanden einige Bühnenstücke und eine Anzahl von Filmen mit der Musik von Kurt Weill, Aaron Copland, Jerome Kern, Arthur Schwartz, Harry Warren, Burton Lane und Harold Arlen.

Ira Gershwin war immer seines Bruders Privatsekretär, Vermögensverwalter und eine Art Geschäftsführer seines Bruders sowie der gemeinsamen Firmenunternehmung gewesen. Schon zu dessen Lebzeiten hatte er aufmerksam den Verbleib aller persönlichen Dokumente von George beobachtet. Nach 1937 wurde er zum Nachlaßverwalter und zum Gründer eines Gershwin-Archivs, das bald der Library of Congress in Washington überlassen wurde und beispielsweise alle erreichbaren handschriftlichen Partituren Gershwins beherbergt.

Ira Gershwin ist am 17. August 1983 sechsundachtzigjährig, 46 Jahre nach seinem Bruder George, in Beverly Hills gestorben. Er war als Schriftsteller von nicht zu überschätzender Bedeutung für seinen Bruder gewesen, ohne je aus dessen Schatten herausgetreten zu sein.

Gershwin: seine Musik, sein Wesensbild

Seine Berühmtheit und die Beständigkeit seines Ansehens als Komponist bis auf den heutigen Tag verdankt George Gershwin der Schizophrenie seiner musikalischen Existenz. Werner Burkhardt hat spitzfindig und zutreffend konstatiert, seit dem 12. Februar 1924, also dem Uraufführungstag der *Rhapsody in Blue*, schwanke Gershwins Charakterbild in der Musikgeschichte.[86] Diesem Schwanken verdankt Gershwin eine Popularität, die einerseits die Irving Berlins und Jerome Kerns, seiner kompositorischen Leitbilder, andererseits die eines Aaron Copland und Leonard Bernstein überragt. Ohne seine Konzertkompositionen und seine beiden Opern, im ganzen neun an der Zahl, kennte man ihn heute als einen Schlager- und Musical-Komponisten im Stil der zwanziger und dreißiger Jahre amerikanischer Prägung, und zwar als einen unter vielen. Als Autor der erwähnten neun Konzertwerke hingegen würde man ihn in den Lexikonspalten achtungsvoll erwähnt finden, würde seine Einzelerfolge (und Nichterfolge) aufzählen, ihn aber wohl als eine Art Kuriosum abtun.

Die *Rhapsody in Blue* bezeichnet den Angelpunkt in Gershwins schöpferischem Leben, sie brachte die Wende in seiner Laufbahn. Wer weiß, ob man beispielsweise seinem *Concerto in F* ohne ihre Existenz je Beachtung geschenkt haben würde und heute noch entgegenbrächte, ja ob man es mehr spielen würde als Edward MacDowells Klavierkonzert in d-Moll, das bekanntlich kein schlechtes Stück ist. Die Sogwirkung der *Rhapsody in Blue* hat jedoch nicht einmal zu Gershwins Lebzeiten ausgereicht, um weniger spektakulären Werken wie der *Second Rhapsody* und der *Cuban Overture* mehr Publikumsresonanz zu verschaffen.

Und wie sieht es auf dem Unterhaltungssektor bei Gershwin aus? Alle Aufführungserfolge seiner Musical-Comedies zu seinen Lebzeiten erwiesen sich als nicht wiederholbar. Vereinzelte Ausgrabungsversuche (wie die mit *Girl Crazy* gerade auch auf einzelnen deutschen Bühnen nach dem Zweiten Weltkrieg) blieben folgenlos. Ihre Libretti sind entweder zeitbezogen und deshalb verwelkt oder sie erweisen sich inhaltlich als bedeutungslos, so daß sie das Schicksal der meisten deutschsprachigen Operetten teilen: gute Musik allein rettet sie nicht.

Bleiben als Einzelbausteine Gershwins Songs. Ihre Anzahl beläuft sich auf mehrere hundert, von denen vielleicht zwanzig, höchstens dreißig (einige Titel aus *Porgy and Bess* mitgerechnet) zu Evergreens geworden sind und zum eisernen Bestand der Jazz-Improvisatoren zählen. Eine nüchterne, auch eine überraschend unergiebige Bilanz, wie es scheint. Ist sie womöglich unrealistisch?

George Gershwins überzeitliche Bedeutung kann weder an der *Rhapsody in Blue* noch an besagten zwanzig oder dreißig Songs festgemacht werden. Für die Gesamtbewertung Gershwins kommen andere Kriterien in Betracht. Seine Berühmtheit kann nicht künstlich herbeigeredet worden sein, sie muß objektive Gründe haben. Aus Segmenten ergibt sich bei Gershwin ein Gesamtbild, das bestimmend dafür war, daß man ihm – im Gegensatz zu anderen Vertretern seines Lagers – herausragende Effizienz und einen geschichtlichen Standort zuerkannt hat. Vielleicht wird am Ende sein schwankendes Charakterbild nicht nur als typisch, sondern auch als legitim für seine Position zu fixieren sein, eben als der Sonderfall George Gershwin.

Der Begriff Sonderfall sammelt zunächst als terminus technicus Gershwins berufliche Bewegungslinien. Gershwin war ausübender Interpret und Komponist. Der Interpret ergibt sich aus den Funktionen des Dirigenten und des Pianisten. Als Dirigent war Gershwin ein offensichtlich hochbegabter, geschickter Dilettant (Franz Allers hat nach seiner Ansiedlung in Amerika 1938 entsprechende Hinweise erhalten[87]) und ein wirkungsbedachter Animator. Die Anstrengungen auf diesem Gebiet wurden wohl aus motorischer Freude und sicher auch in dem Bestreben unternommen, sich gewinnbringend zu präsentieren. Vertiefende interpretatorische Wirkungen durch ihn dürften kaum erzielt worden sein, sind zumindest nicht überliefert.

Anders stand es um den Pianisten Gershwin. Ihn darf man als Prototyp einstufen, freilich nur als Vermittler eigener Werke. Seine Schulung bei Hambitzer an klassischer Literatur hat keine Folgen für sein Repertoire nach sich gezogen. Gershwin hat, abgesehen von einigen peripheren Betätigungen (wie den Liedbegleitungen im Gauthier-Recital 1923) nie etwas anderes gespielt als seine Musik, zumindest öffentlich nicht. Zum andern hat er improvisiert, überwiegend auf Gesellschaften, was ihm übrigens reguläres Üben ersparte: er war als Pianist immer präsent.

George Gershwins Klavierspiel wurde immer einhellig anerkannt, ja bewundert. Rouben Mamoulian hat das, aus der Erinnerung allgemein umschreibend, so ausgedrückt: «Am Klavier war George wie ein fröhlicher Zauberer, der Sonntag feiert.»[88] Joseph Hofmann (1876–1957), einer der gefeiertsten Pianisten der zwanziger und dreißiger Jahre nicht nur in Amerika, hat Gershwin als «ein feines pianistisches Talent mit einer festen, klaren, guten Beherrschung der Tasten» bezeichnet.[89] Man kann kaum belangloser und liebloser über einen Klavierspieler urteilen. Hofmann, ein klassischer Pianist, der Gershwins Konkurrenz nicht fürchten mußte, ist entweder nichts Stichhaltigeres eingefallen oder es handelt sich hier um einen unkonzentriert hingeworfenen Interviewsatz, formuliert in einer Sprache, die dem Polen Hofmann möglicherweise nicht ausreichend zu Gebote stand. Außerdem war er über zwanzig Jahre älter als Gershwin und empfand ihm gegenüber deshalb so etwas wie herablassende Sympathie. Auf jeden Fall ist Hofmanns Äußerung im Grunde unbrauchbar, weil sie nichts Konkretes vermittelt. Sie kann dessen ungeachtet aber auch zeigen, daß man Gershwins Klavierspiel mit klassischen Wertmaßstäben nicht nahekam. Er war und blieb von Anlage und Spezialisierung her ein Rag-Pianist. Sein Debussy-Spiel in Hambitzers Unterricht hatte daran ebensowenig geändert wie einige wenige Lektionen bei Herman Wassermann und Ernest Hutchenson, wenn diese überhaupt als richtiger Unterricht stattgefunden haben.[90]

George Gershwin war allen Berichten zufolge ein Naturtalent auf dem Klavier. Seine festnotierten Klaviersätze mit zum Teil beträchtlichen spieltechnischen Vertracktheiten verweisen auf hohe technische Kapazitäten bei ihm selbst. Außerdem hat er über ein enormes Ausdrucksvermögen verfügt, über etwas Anziehend-Unterhaltsames mit raumgreifender Ausstrahlung. Er war eine Entertainer-Begabung, und zwar von Anfang an. Dies vermittelt unter anderem eine Episode aus dem Jahre 1919, als Irving Berlin das ihm bis dahin unbekannte «kid» Gershwin, von Dreyfus aufgefordert, Berlins «Revolutionary Rag» vom Blatt zu spielen, zum erstenmal hörte. «Ich konnte meine eigene Melodie nicht wiedererkennen – aber es war brillant», so soll sich Berlin hingerissen geäußert haben.[91] Übrigens bot er Gershwin spontan an, sein Privatsekretär zu werden, was dieser ausschlug – zum vollen Verständnis Berlins.

In den zeitgenössischen Kritiken über Gershwins Klavierspiel fällt auf, daß sie mehr das beschreiben, was er spielte – also die musikalischen Ergebnisse –, als daß sie zum Ausdruck bringen, wie er es vortrug. Der Pianist war vom Komponisten nicht zu trennen, die Substanz des Gespielten stand stets im Vordergrund des Interesses.

George Gershwin ist bei der Ausübung seines Berufs immer mehr Intuitionen gefolgt als Regeln. Das gilt grundsätzlich. Die historischen Klavieraufnahmen, die von ihm auf Walzen überliefert und heute auf Platten greifbar sind, zeugen von einem spezifischen Stilwillen, der sein artistisches Spiel durchdringt und bestimmt. Nichts Auftrumpfend-Großdimensioniertes wird evident, sondern eher die Vorliebe für die kleine und genau umrissene Geste, die alles Vagen, Matten entkleidet ist, die klare Kontur und eine sehr persönliche Ausdruckshaltung besitzt. Gershwin spielte überwiegend ohne Pedal, was der trockenen, scharfen Pointe, die er anstrebte, unterstützend entgegenkam. Dann überrascht der drängende Charakter seines Spiels, das in sich flexible Zeitmaß, das dem Vortrag innere Nervosität und Quirligkeit, einen fließenden Zusammenhang, griffige Schwerelosigkeit, Selbstgenügsamkeit verleiht. Kein Anflug von Sentimentalität kommt je auf, dafür sorgen allein schon die rasch angeschlagenen Tempi. Die *Rhapsody in Blue* beispielsweise klingt, wenn Gershwin selbst sie spielt, geradezu beiläufig, dabei drahtig, mit kernigem Ausdruck und vor allem jazziger, als man sie heutzutage vorgetragen hört. Wenn Gershwin Klavier spielte, klang und klingt – von seinen Aufnahmen her zu urteilen – alles kontrolliert und gesteuert. Die Musik leuchtet weniger üppig, als daß sie glitzert: ungeschwätzig, behende, aufgeräumt-witzig. In dieser Hinsicht erinnert Gershwins Spiel an das Serge Rachmaninows, der ebenfalls aus dem understatement heraus auf Wirkung setzte.

Bleibt die historische Einordnung des Pianisten Gershwin zwangsläufig vage, so gründet sich die des Komponisten überprüfbar auf seinen Werken und liegt vollends unter der Sichtmarke des Sonderfalls. Üblicherweise erkennt man mit einem Anflug von Bedauern Gershwins Zwitterstellung zwischen Schlagermusik und symphonischer Konzertmusik, verkennt dabei aber womöglich, daß diese Zwitterstellung gerade das Besondere an ihm ausmacht und seiner Musik eine zeitlose Bedeutung sichert. Übereinstimmend in beiden Bereichen manifestiert sich ein musikalischer Elan, frisch und bar jeder Abnutzungserscheinung. Gewiß wiegt das schwerer als der im Grunde nutzlose, weil nicht weiterführende Versuch, Gershwins Musik von Genrezugehörigkeit und Stil her zu ordnen. Das käme ihrer Abschiebung in eine tote Ecke gleich.

Bei Gershwin zählt scheinbar Vordergründiges, aber Entscheidendes: seine Musik reißt mit, wo und wann sie gespielt wird. Irgend etwas in ihr ist unübertrefflich und unauswechselbar. Zergliedert man sie, um den Grund dafür herauszufinden, landet man bei ihren Materialien, bei ihren Elementen. Und hier steht die Originalität der Melodiebildung im Vordergrund. Der Thematiker, der Melodiker Gershwin operiert mit traumhafter Sicherheit, mit einer ausgeprägt originären Erfindungsgabe. Den stufenweisen Aufbau eines Themas sowohl als auch dessen Anlage im ganzen vollzog sich bei ihm aus dem Momenteinfall; jedes Thema sitzt fest in einer Formschale, die keiner Korrektur bedurfte. Dabei bevorzugte Gershwin Kurzgliedrigkeit, ohne sich dafür Kurzatmigkeit einzuhandeln. Die achttaktige Periode war ihm das Maß aller Dinge.

Das bedeutet nicht automatisch gleichbleibende Qualität bei allen Objekten. Dem Thema von *Swanee* ist zweifellos eine gewisse Beliebigkeit des melodiösen Verlaufs zu eigen, ganz im Gegensatz zu Themen wie in *The Man I Love, I Got Rhythm, Someone to Watch Over Me, 's Wonderful*, um nur einige exemplarische Erfindungen zu nennen. Sitz und Einprägsamkeit jedoch weisen alle gleichermaßen auf, über alle Qualitätskriterien im einzelnen hinweg.

George Gershwin hat keine dummen Schlager geschrieben. Ihre Sogkraft auf Grund gezielter Melodiebildung und Rhythmisierung erreicht jeden Hörer. Sie prägen sich ein, weil sie sich voneinander unterscheiden, keinem blanken Schematismus verfallen. Der Schlagerkomponist, der

Gershwin trotz seiner Konzertwerke blieb, war kein bedenkenloser Fließbandproduzent. Seine Schlager sind bis ins Detail durchgefeilte Klangobjekte, die im Zusammenhang mit ihren Texten – vor allem dank Ira Gershwins hervorragender lyrischer Begabung und Kunstfertigkeit – zu dramaturgischer Schlüssigkeit gelangten. Das weist sich besonders in der disparaten melodischen Charakteristik der Gestalten in der Oper *Porgy and Bess* als genau kalkuliert aus. Die Zusammenarbeit der Brüder kann im nachhinein gar nicht hoch genug eingeschätzt werden, selbst wenn Ira nie ein gesamtes Libretto für George geschrieben hat (was in Musical-Comedies für die Musik ohnehin unerheblich geblieben wäre, weil hier nur die betrachtenden Liedertexte auf die Wirkung der Musik zurückstrahlten, die Handlungstexte dagegen als gesprochener Dialog erschienen).

Wir kommen zu dem Schluß, daß für Gershwins Musik in allen Bereichen die Erfindung tragfähiger Melodien ausschlaggebend war, den Hauptstrang seiner Arbeit bildete. Was über das Liefern von Songs hinausging wurde nur von dem jeweils erweiterten Formrahmen diktiert. Gershwin wollte die Erweiterung des Rahmens, die Einbindung von Melodien in übergeordnete Zusammenhänge (im Konzert, im Orchesterstück, in der Oper). Denn er mag geahnt haben, daß der Broadway-Erfolg ein Eintagserfolg bleiben würde. Der Weg in die Musikgeschichte führte ihn über die Carnegie Hall in die Metropolitan Opera.

George Gershwin hat sein Ziel erreicht, und zwar mit uneingeschränkter Originalität der Ergebnisse. Es ist ihm gelungen – und er steht damit ziemlich einzigartig in der Musikgeschichte –, mit einer Handvoll Konzertwerke und einer einzigen Oper (*Blue Monday* scheidet in diesem Zusammenhang aus) eine Position einzunehmen, die anderen Komponisten seiner Herkunft und Eigenart, also allen Zunftmitgliedern der Tin Pan Alley, verwehrt geblieben ist. Dafür sind weniger die Qualität dieser Werke verantwortlich als die durch sie ausgelösten Wirkungen. Die Wirkungen sind wiederum zurückführbar auf die Grundelemente Melos und Rhythmus, nicht hingegen auf Kategorien wie Form, kompositorischer Satz und seine Ausarbeitung, Instrumentation, Differenziertheit der Anlage. Gershwin blieb stets ein – bei ihm ist das Epitheton legitim – genialer Schlagerkomponist, worauf auch Franz Allers nachdrücklich hingewiesen hat.[92] Symptomatisch ist in diesem Zusammenhang eine entsprechende Anmerkung des Komponisten im Hinblick auf seine Oper *Porgy and Bess*: *Es ist wahr, ich habe für Porgy and Bess Schlager geschrieben. Ich schäme mich nicht, jederzeit Schlager zu schreiben, solange sie nur gut sind... Schlager gehören... ganz der Operntradition an. Viele der erfolgreichsten Opern der Vergangenheit enthalten Arien, die das geworden sind, was man heute Schlager nennt. Man findet sie in fast allen Opern von Verdi. Carmen ist beinahe eine Sammlung von Schlagern.*[93]

George Gershwin hat dem Gefühl einen hohen Stellenwert beim Komponieren von Musik eingeräumt. Nach seiner Ansicht, so hat er einmal bekräftigt, bezeichne es die Größe einer jeglichen künstlerischen Anstrengung. Gefühl bedeute mehr als Technik und Wissen, denn beide blieben ohne dieses bedeutungslos. Gefühl allein reiche nicht aus, bleibe aber die Hauptsache.[94]

Auch die Konzertwerke Gershwins leben von der Originalität und dem kraftvollen Impuls des melodischen Einfalls, ja sie bilden eine Aneinanderreihung melodischer Glieder und Abschnitte, die in sich durchgeführt sind, aber als formale Komplexe oft relativ unverbunden nebeneinanderstehen. Gershwins Idealbild war zweifellos die Potpourri-Reihungsform, wie sie uns aus Musical-Vorspielen wie zu *Girl Crazy, Funny Face, Strike Up the Band* und anderen entgegentritt und für die die Muster in der Opernouvertüre des 19. Jahrhunderts Legion sind. Dieses Modell setzt sich fort in Kompositionen wie *An American in Paris* und *Cuban Overture*, wobei es sich einmal der Rondoform, einmal der dreiteiligen Liedform mit Coda annähert. Ein übergreifenderer Formungswille zeigt sich nur im *Concerto in F*, dessen ersten Satz Gershwin selbst mit der Anmerkung kommentierte, er sei «*in Sonatenform... aber*»[95]. Hier ist auch der strukturale Durcharbeitungsansatz evidenter als noch in der *Rhapsody in Blue*, vor allem durch die Verschränkung von Soloinstrument und Orchesterpart. Franz Allers hat im *Concerto* auch auf die Verwendung von modalen Kirchentonarten aufmerksam gemacht.[96]

George Gershwin wollte immer populär schreiben, niemals elitäre Hörergruppen bedienen, wollte darum aber auch nicht platte Unterhaltungsbedürfnisse befriedigen – auf keinen Fall in seinen symphonischen Kompositionen. Ausdrücklich hat er dies für seine Oper angemerkt, mit der er hoffte, «*in der amerikanischen Musik etwas geschaffen zu haben, das eher der großen Menge als den wenigen Kultivierten gefallen würde*»[97]. Aus diesem Grund muß man wohl auch seine Andeutungen aus der letzten Zeit, eine Symphonie oder ein Streichquartett schreiben zu wollen, eher skeptisch aufnehmen. Er wäre damit seinen angestammten Vorsätzen untreu geworden, und er wäre nach Anlage seines kompositorischen Handwerks solchen Aufgaben, für die nichts Vergleichbares bei ihm bisher existierte – *Lullaby* ist kein Streichquartett, sondern eine Melodie für Streichquartett, *An American in Paris* kein symphonischer Satz –, zu der Zeit gar nicht gewachsen gewesen.

George Gershwin schielte nicht nach Popularität, sondern bekannte sich uneingeschränkt zu ihr. Bei der *Second Rhapsody* und der *Cuban Overture* erzielte er sie nicht, ja er vernachlässigte sie geradezu. Andererseits erreicht er gerade in diesen Werken auch keinen progressiv ausgeprägten Kunstwert. Zur Synthese brachte er die Eckdaten solcher polaren Kriterien hingegen in *Porgy and Bess*, seiner abendfüllenden Oper, die man als sein bedeutendstes Werk überhaupt zu sehen hat. Das bezieht sich auf den Ansatz dieser Volksoper (mit frei komponierten Spirituals und Volksliedern an Stelle von verwendetem Originalmaterial) ebenso wie auf die kompositorische und verarbeitungstechnische Qualität der Partitur. Hier zeigt sich Gershwin auf einem nicht nur für seine Verhältnisse betont hohen kompositionstechnischen Standard, von der Höhe seiner entwickelten Phantasie ganz zu schweigen, und von hier aus läßt sich gleichzeitig rückschließen auf seine Bedeutung als ein Komponist von vorrangig und genuin amerikanischer Prägung.

Dabei wird der Komplex des Jazz verhältnismäßig irrelevant; *Porgy and Bess* ist keine Jazz-Oper. Natürlich hat sich Gershwin Jazz-Elemente auch hier zu eigen gemacht. Die rhythmische Faktur der Musik, die Verwendung der berühmten «blue notes», also kleiner Terz und kleiner Sept in der Durtonart, sodann der Gebrauch bestimmter Instrumentalfarben verweisen auf Einflüsse des Jazz. Aber das waren nur Bausteine für eine amerikanische Musik originärer Prägung, die Gershwin im Sinn hatte. Über alles Stückwerk-Komponieren hinweg – Leonard Bernstein hat bei aller gerechten Abwägung des musikalischen Phänomens Gershwin darauf hingewiesen[98] – wurde von Gershwin das eigentliche Ziel niemals aus dem Auge gelassen: eine Musik zu realisieren, die es in einem solchen amalgamierenden Stil vorher nicht gegeben hatte. Unter dem Einfluß des Schmelztigels Großstadt schrieb er eine urbane Musik und kam damit – wie Ravel, Strawinsky und andere, aber im Gegensatz zu Janáček – zu einer klimatischen Unterscheidung im musikalischen Elementarhaushalt, wie sie es im 19. Jahrhundert noch nicht gegeben hatte. Egon Friedells Maxime, daß für Talent und Charakter von Individuen wie von Völkern die Umgebung, das Milieu nicht gleichgültig sei, trifft auf Gershwin zu: «Auch das reichste Talent bedarf einer Atmosphäre, aus der es schöpfen, aber auch der stärkste Charakter eines Magnetfeldes, auf das er wirken kann.»[99] Gershwin schöpfte aus der Atmosphäre Großstadt, sie war sein Ambiente. Und er wirkte mit seiner Musik auf den Menschenschlag, dem er entstammte, dessen Temperament er porträtierte, zurück.

George Gershwins Position heute ist eine historisch legitime und eine national-amerikanische, die dank ihrer Intensität so stark nach außen wirkt wie die mährische Janáčeks, die böhmische Smetanas, die russische Mussorgskys, die französische Debussys, die deutsche Webers, die nordische von Sibelius. Hier liegt das eigentliche Verdienst George Gershwins, und das garantiert sein beständiges Fortleben über die Zeiten hinweg. Bernstein hat 1973 beklagt, daß Gershwin aus der Mode gekommen sei, unterschätzt würde, kaum irgendwann zur Sprache gebracht werde, «denn Gershwin war zweifellos eines der wenigen echten, authentischen Genies, die die amerikanische Musik hervorgebracht hat. Und es wird sich noch weisen, ob er nicht das echteste, das authentischste Genie seiner Zeit gewesen ist.»[100]

Das deutsche Musikleben bestätigt Bernsteins Meinung. Gershwin wird mit seiner symphonischen Musik hier kaum für repertoirewürdig gehalten. Ebensowenig darf aber übersehen werden, daß hierzulande kaum authentische Gershwin-Interpreten zur Verfügung stehen.[101]

Ungeachtet dieser Umstände bleibt übergeordnet wesentlich, daß Gershwins vielfältige Musik, die Kunst eines genialen Schlagerkomponisten, allein dank ihrer Existenz wirkt – brückenschlagartig wirkt. Merle Armitage hat 1938 die Frage der Unsterblichkeit relativiert[102]; inzwischen hat sich die Frage bezüglich Gershwins beantwortet. Weiter hat Armitage vorausschauend behauptet: «George Gershwin hat eine Tür geöffnet, durch die zukünftige Komponisten verhältnismäßig leicht gehen können.» Sicher haben Komponisten wie Bernstein die aufgestoßene Tür genutzt. Aber im Grunde ist Gershwin einzig geblieben. Seine jugendfrische Musik singt Amerika, wird aber überall verstanden.

Arnold Schönberg, extrem unverdächtig leichtfertiger Worte, sprach für einen amerikanischen Sender nach Gershwins Tod 1937 bedeutungsschwere Sätze: «George Gershwin war einer jener seltenen Musiker, für die Musik nicht ein Produkt mehr oder weniger großer Geschicklichkeit ist. Musik war für ihn die Luft, die er atmete, die Speise, die ihn nährte, der Trank, der ihn erfrischte. Musik war das, was sein Gefühl erweckte, und Musik war das Gefühl, das er ausdrückte. Unmittelbarkeit dieser Art ist nur großen Männern zu eigen, und es kann kein Zweifel darüber bestehen, daß er ein großer Komponist war. Was er vollbrachte, kam nicht nur der amerikanischen Musik zugute, sondern es war auch ein Beitrag zur Musik der ganzen Welt.»[103]

George Gershwin ist zwar einer der bekanntesten Komponisten unseres Jahrhunderts. Was aber wissen wir von ihm wirklich? Hinter der Musik steht ein Mann, dessen Erscheinungsbild uns vertraut anmutet. Offensichtlich läßt es sich mit seiner Musik leicht in Übereinstimmung bringen, bis zur Deckungsgleichheit sogar. Stimmt das so? War Gershwin der schwerelose Sunnyboy, als der er aus seiner Musik und aus den biographischen Berichten vor uns hintritt? War er der gewandte Weltmann, der elegante Partygänger, dessen Existenz sich zu annähernd gleichen Teilen in Arbeit und Gesellschaftsleben erschöpfte? War er der nicht recht zum Zuge gekommene Jazz-Symphoniker oder einer von vielen Unterhaltungsmusikern, der sich durch wenige spektakuläre Ausflüge in den Konzertsaal die Aura eines nach Höherem Strebenden zu geben verstand? Nur eines dürfte feststehen: Gershwin war zum Musiker geboren. Daß er Musiker wurde, beruht auf unvorhersehbaren Zufällen; alles hätte auch ganz anders kommen können.

George Gershwin entstammte kleinen, geistig bedürfnislosen und eingeengten Verhältnissen. Das Elternhaus bot nur den notwendigsten Halt. Die Eltern waren moralisch integer. Der Vater neigte beruflich und wirtschaftlich zur Unstetigkeit, die Mutter war nicht frei von Ehrgeiz nach der sozial höheren Gesellschaftsstufe. Beide entstammten russisch-jüdischen

Familien, deren einziges Privileg in Rußland eine gewisse freiheitliche Form der Lebensführung gewesen war, die sie auf Dauer als nicht garantiert empfanden. Deshalb und weil das gelobte Land des wirtschaftlichen Aufschwungs sie lockte, wanderten sie nach Amerika aus. Beide Eltern Gershwins besaßen eine ausgeprägte Neigung zum Spielen. Es existieren zwar keine Hinweise, die es erlaubten, sie als Hasardeure zu bezeichnen. Aber eine gewisse Gleichgültigkeit und Leichtlebigkeit war ihnen wohl zu eigen. Wie hätte es sonst geschehen können, daß die Kinder trotz der eher kleinbürgerlichen Grundhaltung der Eltern frei und zügellos aufwuchsen? Sie waren Geschöpfe der Straße. George Gershwin nahm die Schule als unvermeidbares Übel und wies entsprechend schlechte Leistungen auf. Der Junge war ein Raufbold. Er wurde sportlich ehrgeizig, was er sein Leben hindurch bleiben sollte, war mutig, draufgängerisch, konnte Blessuren klaglos einstecken. Auch die Aufklärungsarbeit übernahm die Straße. Gershwin lernte in sehr jungen Jahren die Einrichtung des Bordells kennen, das ihn immer angezogen hat.

Die Erziehung durchs Elternhaus und die relativ zeitige innere Loslösung von den Eltern haben sich bestimmend auf Gershwin ausgewirkt. Der Charakter des Autodidaktischen wurde zum Grundstock seines Wesens, seines Lebens und Arbeitens. Seine frühe Selbständigkeit brachte ihm Sicherheit, andererseits blieb das meiste bei ihm lückenhaft ausgebildet. Unvollkommenheiten zu überbrücken, Schwachstellen auszugleichen, Unsicherheiten als Sicherheiten auszugeben – dem widmete sich Gershwin sein kurzes Leben hindurch zielstrebig, ehrgeizig und nicht ohne Anstrengung, oft jedoch ohne letzte Konsequenz. Sein Bildungsdefizit hat er nie ausgleichen können oder wollen, auf keinem Gebiet; abgesehen davon, daß er in der musikalischen Branche, in der er sich produktiv bewegte, einen Bildungsüberhang auch nicht benötigte. Nirgendwo wird berichtet, daß er Bildungsinteressen gezeigt hat. Auch ist unbekannt, ob er – im Gegensatz zu seinem Bruder Ira – je gelesen hat. Im Zusammenhang mit seinen verschiedenen Wohnungen, die er luxuriös und zum Teil nach dem dernier cri einrichten ließ, erfährt man nichts von Büchern, geschweige von einer Bibliothek, wohl dagegen von gut installierten häuslichen Sportstudios. Daß Gershwin auf DuBose Heywards Roman «Porgy» stieß und ihn gelesen hat, was neun Jahre später zur Oper auf dieses Buch führen sollte, darf man als puren Zufall bezeichnen. «Porgy» war ein Bestseller-Roman, den vielleicht Freunde dem Komponisten zum Zeitvertreib empfohlen hatten.

George Gershwin war generell aufnahmefähig und mit Maßen auch aufnahmebereit. Seine außergewöhnliche Begabung und sein verbindliches Wesen öffneten ihm viele Türen. Unter seinen Freunden und Bekannten stoßen wir auf weltgewandte und hochkünstlerische Menschen. Und als er, besonders wohl im Umfeld von Jules Glaenzer, gesellschaftliche Anstandsregeln gelernt hatte und sich in den gehobenen Kreisen bewegen konnte, wurde er immer mehr zum Partymittelpunkt. Man liebte den gewinnenden jungen Mann, der ebenso höflich wie naiv war und jede Gesellschaft im Handumdrehen auf seine Seite zog, wenn er sich als Unterhaltungspianist betätigte. Zwangsläufig mußte das seine Lieblingsbeschäftigung werden, weil alle anderen Mittel der Kommunikation ihm kaum zu Gebote gestanden haben dürften. Nichts beweist das deutlicher als eine diesbezügliche Antwort gegenüber seiner Mutter. Als sie ihm vorgehalten hatte, zu extensiv auf Parties Klavier zu spielen, argumentierte er dagegen, wenn er nicht spiele, unterhalte er sich nicht gut.[104]

Die Äußerung beweist ein hohes Maß an Selbstwertgefühl und gewachsenem Egoismus. Gershwin war sich seiner Popularität als Komponist, ja seiner Berühmtheit bewußt und genoß diesen Zustand sichtlich. Er gewöhnte sich daran, dort, wo er auftauchte, von jedermann gekannt zu werden, ja er verstieg sich nahezu in diese Gewöhnung. Als ein Mädchen, das ein Treffen mit ihm versäumte, ihn nicht anrief, weil es nach eigenem Eingeständnis seinen Namen nicht erinnerte, schien er darüber ernstlich gekränkt. Eine solche Nebensächlichkeit traf seine Eitelkeit, obwohl nur eine ihm fernstehende Person der Anlaß war.

Seine sich in späteren Jahren vergrößernde Stirnglatze bekümmerte ihn so sehr, daß er einen seltsamen Apparat in Art eines Sporthelms trug, der elektrische Impulse auf die Kopfhaut zur Wachstumsanregung des Haares aussendete.[105]

Das läßt wiederum Rückschlüsse auf eine realitätsferne Naivität zu. Was Gershwin tat, tat er überwiegend vordergründig, aber in der Hoffnung (in der er so gut wie nie enttäuscht wurde), daß alles zu einem positiven Ende kommen würde.

Bei allem spielte seine Stellung in der Gesellschaft eine erhebliche Rolle. Gershwin wurde so gehätschelt, man gab ihm in einem so hohen Ausmaß Recht bei allem, was er anfaßte, daß er, durch solchen Rückhalt gestärkt, mögliche aufkommende Widerstände, negative Kritiken, allgemeine Rückschläge gering veranschlagte. Ein Mädchen für eine Nacht, das seinen Namen vergaß, konnte ihn tiefer verletzen als negative Kritiken über eine seiner Konzertkompositionen, die im übrigen durch positive Kritiken wieder aufgehoben wurden. Daß er für den Konzertsektor nicht häufiger komponierte, dürfte kaum durch zweifelnde Kritiker verursacht worden sein. Die wenigen Werke dieses Sektors reichten ihm zum Repräsentieren. Er konnte mit ihnen ausreichend als Pianist und Dirigent hervortreten und sich in seinen Rollen bestätigen lassen. Mehr Geld verdienen, um das es ihm ging – er benötigte für seine persönlichen Belange pro Woche allein 1000 Dollar –, konnte er mit dem Broadway-Theater und dem Film. Die Rückschläge, die es hier partiell gab, wurden durch fortlaufende alte Erfolge oder durch nachfolgende neue aufgewogen.

Rouben Mamoulian, der Regisseur von *Porgy and Bess*, hat über seine erste Bekanntschaft mit Gershwin 1923 berichtet: «Mein erster Eindruck von Gershwin an jenem Abend war der eines etwas bekümmerten und beunruhigten jungen Mannes – sehr ehrgeizig und nicht sehr glücklich. Ziemlich zurückhaltend und mit sich selbst beschäftigt, auf sonderbare Weise mißtrauisch gegen die Welt, so sah er einem Kind nicht unähnlich, das mehr Äpfel hat, als es bequem in den Händen halten kann[106], und ängstlich ist, daß jemand sie ihm wegnehmen könnte.»[107] Das Bild vermittelt plastisch Zutreffendes. Gershwin wollte bekommen, auf was er Lust hatte, und auch alles behalten, und er wollte – das verstand sich für ihn von selbst –, daß es unter seiner Hand einen neuen Wert annahm, daß es einzigartig würde. Verhielt sich die Wunschvorstellung nicht kongruent zur Realität, so modifizierte er nicht seine Wunschvorstellung, sondern die Realität wurde so gedeutet oder umgedeutet, daß sie sich unmerklich zu seinen Gunsten zu wandeln schien. Gershwin ist nie ein Kämpfer gewesen, wohl aber ein gewitzter, behender, trickreicher Veränderer. Dies läßt alles, was er betrieb, wie neu erscheinen, ohne daß es in Wirklichkeit neu war.

Rouben Mamoulians Eindruck von dem bekümmerten, beunruhigten, nicht sehr glücklichen jungen Mann 1923 ist durch Beobachter der späteren Jahre in dieser Form nie bestätigt worden. Aber es existieren bemerkenswerte Eindrücke, Befunde, Verhaltensweisen bei Gershwin, die auf eine Kehrseite der goldglänzenden Medaille verweisen. Die gehobenen Stimmungen bei Parties, die durch Gershwins Anwesenheit zu Gershwin-Parties wurden; sein Klavierspiel bei diesen Gelegenheiten, das nach einem Wort S. N. Behrmans den Raum wie mit Sauerstoff angereichert wirken ließ[108], täuschten sicher alle, Gershwin so gut wie die von ihm Unterhaltenen, über denkbare Verschattungen im Wesen und über Obsessionen im Charakter des Komponisten hinweg.

Es leuchtet unschwer ein, daß eine so gespaltene Kinderzeit wie die Gershwins mit ihren Lässigkeiten, die neue Zwänge nach sich zogen, Folgen gehabt hat. Vieles in Gershwins Befindlichkeit und in seinem Verhalten kann man deshalb als Kompensationen ansehen. Zum Beispiel sein *composer's stomach*, wie er die Störungen seines Magen-Darm-Trakts umschrieb, mit schweren und durch nichts zu regulierenden Obstipationen, die ihn zu einem Fanatiker von Diätkost werden ließen. Dann war da sein merkwürdiges, offensichtlich zuinnerst gestörtes Verhältnis zu Frauen, von denen er sehr umschwärmt wurde, was er durchaus erwiderte. Ja, er war ein ausgesprochener Frauenheld, der Intimbeziehungen pflegte, wo immer sich Gelegenheiten ergaben, und er unterhielt einige tiefergehende Freundschaften wie die beschriebenen zu Kay Swift oder zu Mabel Schirmer. Andererseits war er nicht frei von einem «etwas kalten Äußeren»[109], was vorbehaltlosen sozialen Bindungen zweifellos im Wege stand. Sexuelle Befriedigung suchte Gershwin, wo immer er sich aufhielt, in Bordellen.

Wenig genau nahm es Gershwin häufig mit der Wahrheit im Detail,

Rubin Goldmark

Wallingford Riegger

Henry Cowell

Arthur Bodanzky

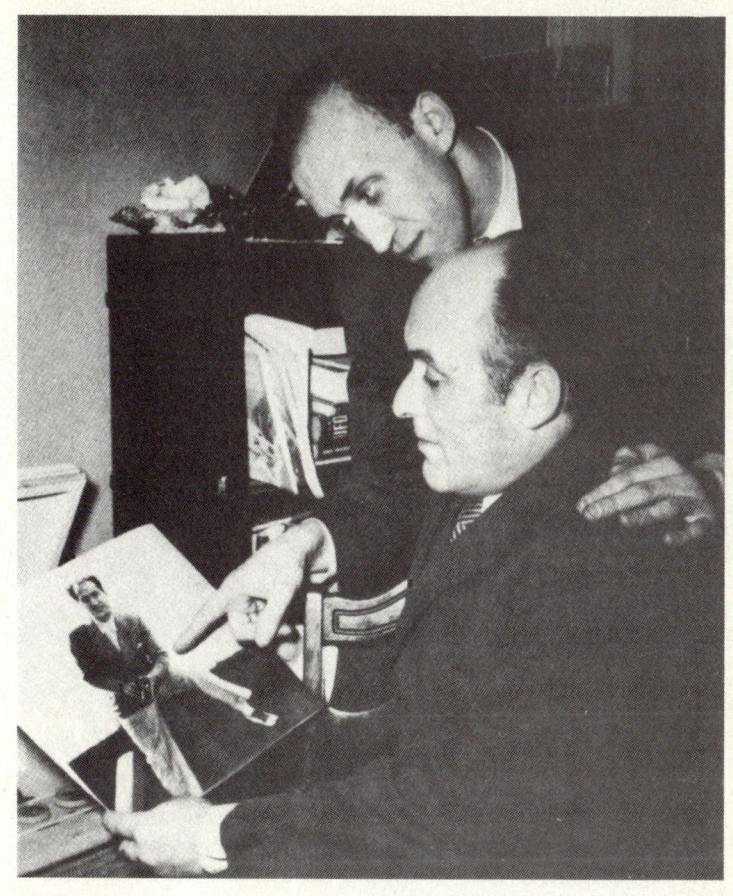

Alan Gershwin (stehend) mit einem Freund

wenn es darum ging, sich in ein günstiges Licht zu setzen. Im Gegenteil, er münzte flaue persönliche Situationen rhetorisch vor anderen zu starken um. Mit Lob für Eigenes war er immer schnell bei der Hand. Wenn er neue Kompositionen vorspielte, war er nicht nur begierig auf Anerkennung, sondern er ließ sich gewöhnlich rasch mit der Suggestivfrage: *Es ist großartig, nicht wahr?* vernehmen.

Hier tun sich demnach Widersprüche auf. Der bescheidene große Junge und berühmte Komponist George Gershwin war immer süchtig nach Komplimenten. Drängten hier geistige Entbehrungen der Jugendzeit und die Galeerenjahre in der Tin Pan Alley zur Kompensation, un-

Gershwin am 16. Juni 1937 – die letzte vor seinem Tod entstandene Aufnahme

steuerbar sozusagen? Denn wo hatte Gershwin, zumindest nach 1924, dem Jahr der *Rhapsody in Blue*, bewußte Kompensation ernstlich nötig!

Erklärt sich so vielleicht auch die zur Schau gestellte puritanische Prüderie, wenn er Lippenstiftspuren in der Serviette seiner Schwägerin Leonore rügte und seine Schwester ermahnte, den Rocksaum nicht zu hoch über die Knie rutschen zu lassen[110], war auch das Kompensation für seine offenbar unersättliche Sexualgier?

Bei Gershwins Verhalten gegenüber Frauen fällt auf, daß er stets die begehrte, die gebunden waren, hingegen die übersah, die auf seinen Antrag warteten. Die Wahrheit dürfte sein, daß er eine Ungebundenheit – trotz gegenteiliger Beteuerung – bevorzugte, daß seine gelegentlich geäußerten Heiratswünsche rhetorisch waren. Er wollte vielmehr die Möglichkeiten einer freien Auswahl nutzen, was er weidlich getan hat.

Möglicherweise ist eine sexuelle Beziehung Gershwins nicht folgenlos geblieben. 1959 hat in einer amerikanischen Zeitschrift ein Alan Gershwin den Status eines illegitimen Sohnes von George Gershwin für sich beansprucht. Seine Mutter sei Tänzerin gewesen, was durchaus ins Bild einer kurzzeitigen Gershwin-Liaison paßt. Er selbst sei zwischen dem

15. und 18. Mai 1928 in Altadena, Kalifornien, geboren und in New York nach dem frühen Tod der Mutter bei deren Schwester aufgewachsen. Gershwin habe ihn über ein Dutzendmal zu sich holen lassen, ihn aber nie über Nacht bei sich behalten. So weit die Aussage von Alan Gershwin, der übrigens auf eine verblüffende Gesichtsähnlichkeit mit dem Komponisten verweisen konnte. Zu Auseinandersetzungen mit der Familie Gershwin scheint es nicht gekommen zu sein.[111]

Als ein weiterer Kompensationsakt lassen sich Gershwins nie endende Versuche erklären, Lehrer für sich zu gewinnen. Es waren dies, soweit bekannt, für längere oder kürzere Zeit Charles Hambitzer, Edward Kilenyi, Rubin Goldmark, Arthur Bodanzky, Henry Cowell, Wallingford Riegger und Joseph Schillinger. Außer bei Hambitzer und Kilenyi hat sich Gershwin bei keinem der anderen zu einem wirklich geregelten, konsequenten Unterricht mit dem Ziel einer wirklichen Beherrschung des technischen Kompositionshandwerks durchringen können. Oft genügte er wohl nur einem Selbstberuhigungsbedürfnis, wenn er neue Verbindungen knüpfte, zu denen die gescheiterten und wahrscheinlich gar nicht ernstgemeinten mit Ravel, Nadia Boulanger, Ernst Toch und Arnold Schönberg gehören. Bei diesen Versuchen war vermutlich wiederum ein Repräsentationsbedürfnis im Spiel. Vom Ansatz her waren Gershwins Bemühungen legitim, denn ein grundlegend akademisch ausgebildeter Komponist war er mitnichten. Unternommen wurden sie aber wohl mehr aus Alibigründen vor der Öffentlichkeit und vor sich selbst, vielleicht sogar zur Selbstberuhigung.

Der Tod Gershwins trat zu einem Zeitpunkt ein, als grundlegende Lebensveränderungen oder andersgeartete Arbeitsbedingungen als die bisherigen bei dem Komponisten nicht ablesbar oder zu erwarten waren. Konkrete neue Kompositionspläne bestanden nicht. Eine Krisensituation in gewissen Grenzen ist nicht von der Hand zu weisen. Es scheint deshalb auch nicht falsch, wenn man von dem Eindruck ausgeht, daß der schöpferische Höhepunkt in der Existenz Gershwins überschritten war.

Anmerkungen

Jablonski = Edward Jablonski und Lawrence D. Stewart: «The Gershwin Years». New York 1973

Schwartz = Charles Schwartz: «Gershwin – His Life and Music». Indianapolis– New York 1973

Jeambar = Denis Jeambar: «Gershwin». Paris 1982

Kimball = Robert Kimball und Alfred Simon: «The Gershwins». New York 1973

1 Jablonski, S. 31
2 Jeambar, S. 43 f
3 Jablonski, a. a. O.
4 Jablonski, S. 32
5 Jeambar, S. 43; Schwartz, S. 8, 51 f, 67, 154, 253, 288
6 Jeambar, S. 44; Schwartz, S. 8 f, 239, 314 Anm. 17
7 Zit. n. Schwinger, Wolfram: «Gershwin». Mainz 1983. S. 23
8 Jablonski, S. 33
9 Jeambar, S. 51 f
10 Jablonski, S. 34
11 Jeambar, S. 53
12 Jablonski, S. 84 f
13 Jeambar, S. 69 f
14 Jablonski, S. 51
15 Jeambar, S. 75
16 Jablonski, S. 69
17 Jablonski, S. 73
18 Jablonski, S. 81
19 Schwartz, S. 47 f
20 Schwartz, S. 71
21 Jablonski, S. 86
22 Siehe hierzu Carl van Vechten: Vorwort zu Jablonski, S. 22
23 Mückenberger, Heiner: «Meet Me Where They Play The Blues – Jack Teagarden und seine Musik». Gauting 1986
24 Kimball, S. 35
25 Schwartz, S. 295 Anm. 17

26 Schwartz, S. 80 f
27 Schwartz, S. 92
28 Siehe dazu Andrew Keener: «Walking The Dog with Uncle Harry». Grammophone Nr.6, New York 1985
29 Schwartz, S. 89, 296 Anm. 29
30 Jablonski, S. 95
31 Schwartz, S. 81 f
32 Zit. n. Jablonski, S. 96
33 Schwartz, S. 88
34 Zit. n. Jablonski, S. 95
35 Schwartz, S. 296 Anm. 30
36 Jablonski, S. 99
37 Jablonski, S. 110
38 Kimball, S. 64
39 Kimball, S. 90
40 Jeambar, S. 123
41 Gauthier, André: «Gershwin». Paris 1973. S. 93
42 Jablonski, S. 141
43 Zit. n. Kimball, S. 101
44 Kimball, S. 101
45 Kimball, S. 100
46 «Gespräche mit Otto Klemperer». Hg. von Peter Heyworth. Frankfurt a. M. 1974
47 Chase, Gilbert: «Die Musik Amerikas». Berlin 1958. S. 562
48 Siehe Schwartz, S. 164
49 Ebd.
50 Jeambar, S. 128 f

51 Schwartz, S. 181
52 Siehe dazu Schwartz, S. 181 f
53 Jablonski, S. 180
54 Schwartz, S. 204
55 Schwartz, S. 206
56 Schwartz, S. 142
57 Armitage, Merle: «George Gershwin – Wort und Erinnerung». Zürich 1959
58 Siehe dazu Schwartz, S. 147
59 Jablonski, S. 179
60 Schwartz, S. 188
61 Schwartz, S. 222
62 Schwartz, S. 226
63 Zit. n. Schwartz, S. 166
64 Siehe hierzu Schwartz, S. 208 f, S. 310 Anm. 37
65 Kimball, S. 155
66 Ebd.
67 Jablonski, S. 222
68 Schwartz, S. 315 Anm. 10
69 Schwartz, S. 315 Anm. 15
70 Armitage, a. a. O., S. 45
71 Schwartz, S. 263
72 Ebd.
73 Schwartz, S. 265
74 Ebd.
75 Armitage, a. a. O., S. 19 f
76 «Frankfurter Allgemeine Zeitung» vom 17. März 1985
77 Schwartz, S. 238 f, 314 Anm. 16
78 Kimball, S. 200
79 Schwartz, S. 277; Stuckenschmidt, H. H.: «Schönberg». Zürich 1974. S. 339
80 Schönberg, Arnold: «Gesammelte Schriften I». Hg. von Ivan Vojtech. Frankfurt a. M. 1976; Armitage, a. a. O., S. 64 f
81 Siehe Schwartz, S. 277
82 Jablonski, S. 250
83 Veröffentlicht in Armitage, a. a. O., S. 26 f
84 Jablonski, S. 285 f
85 Jablonski, S. 292 f
86 Unveröffentlichtes Rundfunk-Manuskript von 1980
87 Hinweis an den Autor
88 Zit. n. Armitage, a. a. O., S. 55
89 Zit. n. Jablonski, S. 48
90 Schwartz, S. 53
91 Jablonski, S. 64
92 Hinweis an den Autor
93 Gershwin, George: «Rhapsodie in Catfish Row», zit. n. Armitage, a. a. O., S. 19 f
94 Jablonski, S. 108
95 Jablonski, S. 105
96 Hinweis an den Autor
97 Zit. n. Armitage, a. a. O., S. 20
98 Bernstein, Leonard: «Warum schreiben Sie nicht mal eine nette Gershwin-Melodie?» In: «Freude an der Musik». München 1963. S. 49 f
99 Friedell, Egon: «Kulturgeschichte Griechenlands». München 1981. S. 10
100 Bernstein, Leonard: «Über Gershwin». Aus: «Erkenntnisse». München–Hamburg 1983. S. 220 f
101 Hinweis von Franz Allers an den Autor
102 Armitage, a. a. O., S. 7 f
103 Reich, Willi: «Arnold Schönberg oder Der konservative Revolutionär». Wien–Frankfurt a. M.–Zürich 1968. S. 260
104 Armitage, a. a. O., S. 79
105 Jablonski, S. 262
106 Armitage, a. a. O., S. 49
107 Schwartz, S. 236
108 Jablonski, S. 78
109 Armitage, a. a. O., S. 16
110 Jablonski, S. 38
111 Schwartz, S. 192 f

Zeittafel

1898	Jakob, genannt George, Gershwin wird am 26. September in New York geboren
1904	Erste Berührung mit Musik auf einer Straße in Harlem
1910	Die Familie Gershwin kauft ein Klavier; George erhält ersten Klavierunterricht
1912	Charles Hambitzer wird Gershwins Klavierlehrer
1913	Gershwin schreibt erste Songs
1914	Gershwin wird Song Plugger beim Musikverlag Remick in der Tin Pan Alley
1915	Edward Kilenyi unterrichtet Gershwin; erste Aufnahmen Gershwins als Pianist auf Walzen
1916	Zum erstenmal wird ein Song Gershwins verlegt
1917	Gershwin verläßt Remick; er betätigt sich in Theatern als Probenpianist; Vivienne Segal singt zwei Songs von ihm öffentlich
1918	Gershwin erhält durch Max Dreyfus einen Vertrag beim Musikverlag Harms; er begleitet die Sängerinnen Louise Dresser und Nora Bayes; in «Half Past Eight» erscheint er mit vier Nummern als Komponist dieser Musical-Comedy
1919	Beginn der Karriere des Broadway-Komponisten mit *La-La-Lucille!*. Gershwin komponiert seinen Erfolgssong *Swanee*
1921	Gershwin belegt Sommerkurse an der Columbia University
1922	Uraufführung des Operneinakters *Blue Monday*
1923	*The Rainbow* in London; Gershwin reist nach England, Abstecher nach Paris; Begleiter der Sängerin Eva Gauthier in einem Liederabend
1924	Uraufführung der *Rhapsody in Blue* und der Musical-Comedy *Lady, Be Good!*; zweite England-Reise Gershwins mit Paris-Abstecher
1925	Uraufführung des *Concerto in F*
1926	Gershwin reist zur Londoner Premiere von *Lady, Be Good!*; einwöchiger Aufenthalt in Paris, dort erste Pläne für *An American in Paris*; Gershwin liest DuBose Heywards Roman «Porgy»
1927	Auftritt als Pianist im Lewisohn-Stadion; Mißerfolg mit dem Polit-Musical *Strike Up the Band*; Eröffnung des Alvin Theater mit *Funny Face*
1928	Begegnung mit Maurice Ravel bei Eva Gauthier; Europa-Reise mit den Stationen London, Paris, Berlin, Wien; Komposition des *American in Paris* und dessen Uraufführung in New York
1929	Auftritt als Dirigent im Lewisohn-Stadion
1930	Zum erstenmal Filmarbeit in Hollywood; Erfolg mit der Neufassung von *Strike Up the Band* und *Girl Crazy*
1931	Gershwin komponiert sein Erfolgs-Musical *Of Thee I Sing*
1932	*Second Rhapsody* für Klavier und Orchester; Herausgabe des *Songbook*;

Gershwins Vater stirbt; Kuba-Reise und Uraufführung der *Cuban Overture*; Studien bei Joseph Schillinger; erstes All-Gershwin-Programm im Lewisohn-Stadion

1933 Letztes Musical: *Let 'Em Eat Cake*; Vertrag mit der Theatre Guild über die Oper *Porgy and Bess*

1934 Konzerttournee durch die USA und Kanada mit der Uraufführung der *I Got Rhythm-Variationen*; Gershwin moderiert eine Serie von Rundfunk-Sendungen mit amerikanischer Musik; Arbeit an der Oper *Porgy and Bess*

1935 Florida-Aufenthalt mit Arbeit an der Oper; Uraufführung von *Porgy and Bess*; Mexiko-Reise

1936 Gershwin stellt die Suite *Catfish Row* zusammen; letzter New Yorker Auftritt als Pianist im Lewisohn-Stadion; neue Filmarbeit in Hollywood

1937 Freundschaftliche Begegnung mit Arnold Schönberg; letzte Konzerte in Städten an der Westküste; Gershwin erkrankt im Juni und stirbt am 11. Juli nach einer Gehirnoperation

Zeugnisse

Die nachfolgenden Stellungnahmen wurden auf Bitte des Autors für dieses Buch verfaßt.

Daß George Gershwin in den letzten vierzig Jahren nun auch im deutschen Musikleben eine so große Rolle spielt, hat wohl viele Gründe.

Die Grundstimmung seiner Musik ist natürlich amerikanisch: die unverkennbare Atmosphäre des Jazz und Ragtime, mit der Gershwin schon im Knabenalter vertraut wurde. Aber fast ebenso stark ist vielleicht das Russisch-Jüdische in Gershwins Musik. Dazu kommt die so häufige Verwendung uralter Kirchentonarten – jene so seltsame Verpflanzung, zuerst von den Missionaren nach Afrika gebracht, dann von den Negern in den Gospel-Songs nach Amerika mitgenommen. Eine solche Verquickung der verschiedensten Einflüsse ist wohl so gut wie einmalig, aber sie erklärt vielleicht wenigstens zum Teil das einmalige Phänomen: George Gershwin. *Franz Allers*

Wenn er nur *I got rhythm* komponiert hätte, es wäre schon genug, ihn weltberühmt zu machen. Keinen Song der populären Musik unseres Jahrhunderts – außerhalb des Blues – haben Musiker häufiger als Improvisationsgrundlage gewählt als dieses Stück. Aber gerade weil so viele es wählten, darüber spielten, es veränderten, weiterentwickelten, umbenannten, wissen nur wenige noch, daß sie ein Thema von Gershwin benutzen. Wie auch er selbst oft nicht wußte, daß er Folklore benutzte. Als sei seine Musik wieder zurückgeflossen in den Fundus des Unbewußten, aus dem er sie bezogen hat. Als Melodiker so groß wie Schubert oder Tschaikowsky. Aber als Gestalter von Formen und Strukturen? *I got rhythm* hat zwei Takte zuviel. Oder sind's zwei zu wenig? Ist das ein Symbol für den großen – und dennoch nicht ganz großen – Komponisten George Gershwin? *Joachim-Ernst Berendt*

Unvergeßlich die Begegnung mit den Preludes I, II, III für Klavier von 1926. Vierzig Jahre später eröffnen sie meinen Ohren und Händen harmonische, klanglich faszinierende Räume. Die Möglichkeit, solche Harmonik selbst improvisatorisch umzusetzen, nutzten wir in unserer Gruppe Between.

ZEICHEN DER ZEIT

1898

George Gershwin wird geboren,
die neue Weltmacht USA...

...gewinnt im Krieg gegen Spanien Kuba, die Philippinen und besetzt Hawaii. China muß Kiautschou an Deutschland verpachten.
Es ist auch das Geburtsjahr von Bertolt Brecht und Ernest Hemingway.
Marie und Pierre Curie entdecken das Radium und das Polonium.
Hildegard Wegschneider erlangt als erste preußische Abiturientin den Doktorgrad. Leopold Ullstein gründet die «Berliner Morgenpost».
Den Pfandbrief gibt es seit 129 Jahren.

Pfandbrief und Kommunalobligation

Meistgekaufte deutsche Wertpapiere - hoher Zinsertrag - bei allen Banken und Sparkassen

Verbriefte Sicherheit

Der (deutsche) Musikologe und Kästchenkritiker rümpft angesichts dieser Klänge oft die Nase, als kämen sie aus dem Kaffeehaus. Was sich nicht puristisch seriös erhaben gibt, ist und bleibt verpönt.

Gershwin war bereits ein erfolgreicher Schlagerkomponist, als er sich der ernsten Musik zuwandte. Und wie essentiell für die amerikanischen Schwarzen, daß er in *Porgy and Bess* nicht farbig geschminkte Weiße auftreten ließ!

Gershwin war jedenfalls der geniale Schöpfer herrlicher Lieder (zusammen mit seinem Bruder Ira): weder Jazz noch Klassik, aber doch unsterblich! *Peter Michael Hamel*

Gershwin ist eines jener originären Talente der Weltmusik, denen es gelungen ist, aus vorgefundenem, ungeformtem Material (der Volksmusik amerikanischer Neger) einen musikalischen Stil zu bilden, den es vor ihm noch nicht gegeben hat und der mit Recht allein mit seinem Namen verknüpft ist. *Herbert Rosendorfer*

George Gershwin gehört in die vorderste Reihe der großen Musiker der ersten Jahrzehnte unseres Jahrhunderts. Die Einbeziehung von Jazz-Rhythmen und -Klängen in die «Klassische Musik» gerade zu einer Zeit, in der die mathematische und harmonisch rücksichtslose Strenge der Zwölftonmusik die abendländischen Gemüter zu beschäftigen begann – diese Verbindung ist ihm geglückt. Bis heute haben seine *Rhapsody in Blue*, sein *Klavierkonzert in F* nichts an Zugkraft verloren, zählen die großangelegten Orchesterstücke *An American in Paris* und auch *Porgy and Bess* zu den mit Freude und Dankbarkeit aufgenommenen Werken unserer Tage. Ich bekenne mit Freude meine uneingeschränkte Affinität zu diesem großen Komponisten. *Wolfgang Sawallisch*

Die Musikwelt verdankt George Gershwin zweierlei. Einmal eine neue Art von Unterhaltungsmusik, die aus der Verbindung vom «American Way of Life» in Verbindung mit dem dortigen Showbusiness und der von den Farbigen geschaffenen neuen Tanzmusik und dem Blues resultiert, mit Werken wie der *Rhapsody in Blue*, dem *Concerto in F*, der *Kubanischen Ouvertüre* und *Ein Amerikaner in Paris* bis hin zur Volksoper *Porgy and Bess*. – Zum anderen verdankt sie ihm eine Reihe von Songs, die die Basis für nicht endenwollende Interpretationen und Improvisationen bilden, Themen wie *Somebody Loves Me*, *Lady Be Good*, *The Man I Love* und unzählige andere, vor allem *I Got Rhythm*, das der Ausgangspunkt für zahllose Varianten in der bahnbrechenden neuen Musik des Bop wurde. *Dietrich Schulz-Köhn*

Bibliographie

Die nachfolgende Zusammenstellung basiert auf dem Literaturverzeichnis, das
Charles Schwartz im Anhang zu seinem Buch «George Gershwin – His Life and
Music» (New York 1973) mitteilt. Es dürfte das umfassendste bis 1973 sein und
sich seitdem nur unwesentlich erweitert haben. Es erfaßt auch Zeitschriftenarti-
kel und Aufführungskritiken. Auf sie wurde hier ebenso verzichtet wie auf die
Auflistung der 38 Verfasser und ihrer Beiträge in Merle Armitages Erinnerungs-
buch von 1938, dessen deutschsprachige Version von 1959 nur einen Ausschnitt,
zudem einen mäßig übersetzten, des amerikanischen Originals darstellt. Naturge-
mäß enthält das Verzeichnis überwiegend englischsprachige Literatur; original
deutschsprachige existiert nur vereinzelt und ist zum größeren Teil schwer er-
reichbar.

ARMITAGE, MERLE: George Gershwin. New York 1938 [Darin unter anderem Ar-
mitage: George Gershwin and His Time]
George Gershwin – Wort und Erinnerung [deutschsprachige Ausgabe des Vori-
gen]. Zürich 1959
George Gershwin, Man and Legend. New York 1958
ASTAIRE, FRED: Steps in time. New York 1959
BERNSTEIN, LEONARD: Über Gershwin. Aus: Erkenntnisse. München–Hamburg
1983
Warum schreiben Sie nicht mal eine nette Gershwin-Melodie? Aus: Freude an
der Musik. München 1963
CAPOTE, TRUMAN: The muses are heard. New York 1956 (deutsch: Die Musen
sprechen. Wiesbaden 1961)
CHALUPT, RENÉ: George Gershwin, le musicien de la Rhapsody in Blue. Paris
1948
DUKE, VERNON: Passport to Paris. Boston 1955
DURHAM, FRANK: DuBose Heyward – The Man who wrote Porgy. Washington
1965
EWEN, DAVID: The Story of George Gershwin. New York 1943 (deutsch: George
Gershwin – Leben und Werk, mit einem Vorwort von Friedrich Gulda. Zürich
1955)
A Journey to Greatness. The Life and Music of George Gershwin. London 1956
The Life and Death of Tin Pan Alley. New York 1964
George Gershwin: His Yourney to Greatness. New York 1970
GAUTHIER, ANDRÉ: Gershwin. Paris 1973
GOLDBERG, ISAAC: George Gershwin – A Study in American Music. New York
1931
GOLDWYN, SAMUEL: The Samuel Goldwyn Motion Picture Production of Porgy
and Bess. New York 1959

GRIESER, DIETMAR: Die Welt von Porgy und Bess. Aus: Piroschka, Sorbas & Co. – Schicksale der Weltliteratur. München 1978

GRIGOREV, LEV G., und JAKOV M. PLATEK: Dzordz Gershvin. Moskau 1956

HEISTER, HANS WERNER, JOHANNES HODEK und SABINE SCHUTTE: Musiktheater. Musik und Wirklichkeit in der Oper. Stuttgart 1981

JABLONSKI, EDWARD, und LAWRENCE D. STEWART: The Gershwin Years. New York 1973

JEAMBAR, DENIS: George Gershwin. Paris 1982

KIMBALL, ROBERT, und ALFRED SIMON: The Gershwins. New York 1973

LACOMBE, ALAIN: George Gershwin, une Chronique de Broadway. Paris 1980

LEVANT, OSCAR: A Smattering of Ignorance. New York 1940

LINDLAR, HEINRICH: George Gershwin. In: Riemann Musiklexikon Bd. 1. Mainz 1959

LIPMANN, ERIC: L'Amérique de George Gershwin. Paris 1981

LONGOLIUS, CHRISTIAN: George Gershwin. Berlin 1959

MINGOTTI, ANTONIO: Gershwin. München 1958

OSGOOD, HENRY OSBORNE: So This Is Jazz. Boston 1926

PASI, MARIO: George Gershwin. Parma 1958

PAYNE, ROBERT: Gershwin. New York 1960

RÜHLE, ULRICH: Die Jugend großer Komponisten. München 1983

RUSHMORE, ROBERT: The Life of George Gershwin. New York 1966

SCHIPKE, BRIGITTE: George Gershwin und die Welt seiner Musik. Freiburg i. B. 1955

SCHOORL, BOB: George Gershwin. Amsterdam 1952

SCHWARTZ, CHARLES: Gershwin – His Life and Music. Indianapolis 1973
George Gershwin. Grovel's Dictionary of Music and Musicians Bd. 7. 1980

SCHWINGER, WOLFRAM: Er komponierte Amerika. George Gershwin, Mensch und Werk. Berlin 1960
Gershwin. München 1983

SWIFT, KAY: Who Could Ask for Anything More? New York 1943

WORBS, HANS CHRISTOPH: Welterfolge der modernen Oper. Berlin 1967

WÜRZ, ANTON: George Gershwin. In: Musik in Geschichte und Gegenwart Bd. 4. Kassel–Basel 1955

Werkverzeichnis

Nicht berücksichtigt wurden die nach Gershwins Tod entstandenen Filme, die Gershwins Musik verwenden.

Instrumentalwerke

Rialto Ripples für Klavier (1917)
Lullaby für Streichquartett (1919)
Figured Chorale für Klarinette, 2 Fagotte, 2 Hörner, Violoncello und Kontrabaß (1921)
Rhapsody in Blue für Klavier und Jazzband (1924)
Concerto in F für Klavier und Orchester (1925)
Short Story für Violine und Klavier (arr. von Samuel Dushkin) (1925)
Drei Preludes für Klavier (1926)
An American in Paris für Orchester (1928)
Second Rhapsody für Klavier und Orchester (1932)
Song Book (18 Songs für Klavier gesetzt) (1932)
Cuban Overture für Orchester (1932)
«I Got Rhythm» Variations für Klavier und Orchester (1934)
Catfish Row, symphonische Suite aus Porgy and Bess, für Orchester (1936)

Opern

Blue Monday, Oper in 1 Akt (1922)
Porgy and Bess, Oper in 3 Akten (1935)

Musical-Comedies

Half Past Eight (1918)
La-La-Lucille! (1919)
Morris Gest Midnight Whirl (1919)
George White's Scandals of 1920 (1920)
A Dangerous Maid (1921)
George White's Scandals of 1921 (1921)
George White's Scandals of 1922 (1922)
Our Nell (1922) (mit William Daly)
The Rainbow (1923)
George White's Scandals of 1923 (1923)
Sweet Little Devil (1924)
George White's Scandals of 1924 (1924)

Primrose (1924)
Lady, Be Good! (1924)
Tell Me More (1925)
Tip-Toes (1925)
Song Of The Flame (1925) (mit Herbert Strothart)
Oh, Kay! (1926)
Strike Up The Band – 1. Fassung (1927)
Funny Face (1927)
Rosalie (1928)
Treasure Girl (1928)
Show Girl (1929)
Strike Up The Band – 2. Fassung (1930)
Girl Crazy (1930)
Of Thee I Sing (1931)
Pardon My English (1933)
Let 'Em Eat Cake (1933)

Musical-Comedies anderer Autoren

Die Anzahl der eingefügten Gershwin-Songs ist in Klammern vermerkt.

The Passing Show of 1916 (1) (1916)
Hitchy-Koo of 1918 (1) (1918)
Ladies First (2) (1918)
Good Morning, Judge (2) (1919)
The Lady in Red (2) (1919)
Dere Mable (3) (1919)
Capitol Revue (2) (1919)
Ed Wynn's Carnival (1) (1920)
The Sweetheart Shop (1) (1920)
Broadway Brevities of 1920 (3) (1920)
Piccadilly to Broadway (2) (1920)
Blue Eyes (1) (1921)
Selwyn's Snapshots of 1921 (1) (1921)
The Perfect Fool (2) (1921)
The French Doll (1) (1922)
For Goodness Sake (3) (1922)
Spice (2) (1922)
The Dancing Girl (1) (1923)
Little Miss Bluebird (1) (1923)
Nifties of 1923 (2) (1923)
The Sunshine Trail (1) (1923)
Americana (1) (1926)
The Show is On (1) (1936)

Filmmusik

Delicious (1931)
A Damsel in Distress (1937)
Shall We Dance (1937)
The Goldwyn Follies (1938)

Alphabetisches Verzeichnis der Gershwin-Songs

Diesem Verzeichnis liegen die Listen von Schwartz und Jablonski/Stewart zugrunde. Von Gershwin in verschiedenen Zusammenhängen mehrmals verwendete Songs wurden entsprechend mehrmals aufgeführt, ebenso ursprünglich geplante und vorhandene, dann aber doch nicht verwendete. Aus Gershwins Nachlaß stammende und von fremder Hand überarbeitete Songs sind in dem Verzeichnis hingegen nicht berücksichtigt.

According to Mr. Grimes (Ira Gershwin) aus: Treasure Girl, 1928
Acrobats (Ira Gershwin) aus: Funny Face, 1927 (nicht verwendet)
Across The Sea (E. Ray Goetz, B. G. DeSylva) aus: George White's Scandals of 1922, 1922
Adored One (Gus Kahn, Ira Gershwin) aus: Show Girl, 1929 (nicht verwendet)
A Foggy Day (Ira Gershwin) aus: A Damsel In Distress, 1937 (Film)
A Hell of a Hole (Ira Gershwin) aus: Let 'Em Eat Cake, 1933
A-Hunting We Will Go (Ira Gershwin) aus: Treasure Girl, 1928 (nicht verwendet)
All To Myself (Arthur Francis) aus: For Goodness Sake, 1922
Ain't It Romantic (Ira Gershwin) aus: Oh, Kay!, 1926 (nicht verwendet)
A Man of High Degree (Ira Gershwin) aus: Strike Up The Band – 2. Fassung, 1930
And I Have You (Ira Gershwin) aus: Girl Crazy, 1930 (nicht verwendet)
Any Little Tune (Clifford Grey) aus: The Rainbow Revue, 1923
Anything For You (Arthur Francis) aus: A Dangerous Maid, 1921 (nicht verwendet)
Argentina (B. G. DeSylva) aus: George White's Scandals of 1922, 1922
At Half Past Seven (B. G. DeSylva) aus: Nifties, 1923
At Mrs. Simkin's Finishing School (Gus Kahn, Ira Gershwin) aus: Show Girl, 1929 (nicht verwendet)
A Typical Self-Made American (Ira Gershwin) aus: Strike Up The Band – 2. Fassung, 1930
Aviator (Ira Gershwin) aus: Funny Face, 1927 (nicht verwendet)
A Wonderful Party (Ira Gershwin) aus: Lady, Be Good!, 1924

The Babbit and the Bromide (Ira Gershwin) aus: Funny Face, 1927
Baby (B. G. DeSylva, Ira Gershwin) aus: Tell Me More, 1925
The Baby Blues (E. Ray Goetz) aus: Piccadilly To Braodway, 1920
Baby Dolls (B. G. DeSylva, John Henry Mears) aus: Morris Gest Midnight Whirl, 1919
Back Home (Arthur Francis), 1919
The Bad, Bad Man (Ira Gershwin) aus: Lady, Be Good!, 1924 (nicht verwendet)
Barbary Coast (Ira Gershwin) aus: Girl Crazy, 1930
Bauer's House (Ira Gershwin) aus: Pardon My English, 1933 (nicht verwendet)
Be The Life of the Crowd (B. G. DeSylva) aus: Sweet Little Devil, 1924 (nicht verwendet)
Beau Brummel (Desmond Carter) aus: Primrose, 1924
Beautiful Gypsy (Ira Gershwin) aus: Rosalie, 1928 (nicht verwendet)
Because, Because (Ira Gershwin) aus: Of Thee I Sing, 1931
Beneath The Eastern Moon (Clifford Grey) aus: The Rainbow Revue, 1923
Berkeley Square and Kew (Desmond Carter) aus: Primrose, 1924
The Best of Everything (Arthur Jackson, B. G. DeSylva) aus: La-La-Lucille!, 1919
Bidin' My Time (Ira Gershwin) aus: Girl Crazy, 1930
Birthday Party (Ira Gershwin) aus: Funny Face, 1927

Black and White (Ira Gershwin, Gus Kahn) aus: Show Girl, 1929
Blah-Blah-Blah (Ira Gershwin) aus: Delicious, 1931 (Film)
Blue, Blue, Blue (Ira Gershwin) aus: Let 'Em Eat Cake, 1933
Blue Hullabaloo (Ira Gershwin) aus: Funny Face, 1927 (nicht verwendet)
Boy Wanted (Arthur Francis) aus: A Dangerous Maid, 1921
Boy Wanted (Ira Gershwin, Desmond Carter) aus: Primrose, 1924
Boy! What Love Has Done to Me (Ira Gershwin) aus: Girl Crazy, 1930
Bride and Groom (Ira Gershwin) aus: Oh, Kay!, 1926
Bring on the Ding Dong Dell (Ira Gershwin) aus: Oh, Kay!, 1926 (nicht verwendet)
Broncho Busters (Ira Gershwin) aus: Girl Crazy, 1930
But Not for Me (Ira Gershwin) aus: Girl Crazy, 1930
Buy a Little Button from Us (Desmond Carter) aus: Lady, Be Good!, London 1926
By and By (Brian Hooker) aus: Our Nell, 1922
By Strauss (Ira Gershwin) aus: The Show is On, 1936

Call Me Whate'r You Will (Ira Gershwin) aus: Of Thee I Sing, 1931 (nicht verwen-
    det)
Can We Do Anything? (Desmond Carter, Ira Gershwin) aus: Primrose, 1924
Cinderelatives (B. G. DeSylva) aus: Georg White's Scandals of 1922, 1922
Clap Yo' Hands (Ira Gershwin) aus: Oh, Kay!, 1926
Climb Up the Social Ladder (Ira Gershwin) aus: Let 'Em Eat Cake, 1933
Cloistered from the Noisy City (Ira Gershwin) aus: Let 'Em Eat Cake, 1933
Come Along, Let's Gamble (Ira Gershwin) aus: Funny Face, 1927
Come to the Moon (Lou Paley, Ned Wayburn) aus: Capitol Revue, 1919
Comes the Revolution (Ira Gershwin) aus: Let 'Em Eat Cake, 1933
The Cooney County Fair (Brian Hooker) aus: Our Nell, 1922
Cossack Love Song (Otto Harbach, Oscar Hammerstein II) aus: Song of the
    Flame, Musik von George Gershwin und Herbert Strothart, 1925
Could You Use Me? (Ira Gershwin) aus: Girl Crazy, 1930
The Country Side (Ira Gershwin, Desmond Carter) aus: Primrose, 1924
Cupid aus: Half Past Eight, 1918
The Custody of Child (Brian Hooker) Musik mit William Paly, aus: Our Nell, 1922
    (nicht verwendet)

Dance Alone with You (Ira Gershwin) aus: Funny Face, 1927
Dancing Hour (Ira Gershwin) aus: Tip Toes, 1925 (nicht verwendet)
Dancing Hour (Ira Gershwin) aus: Fanny Face, 1927 (nicht verwendet)
Dancing in the Streets (Ira Gershwin) aus: Pardon My English, 1933
Dancing Shoes (Arthur Francis) aus: A Dangerous Girl, 1921
Dead Man Tell No Tales (Ira Gershwin) aus: Treasure Girl, 1928 (nicht verwendet)
Dear Little Girl (Ira Gershwin) aus: Oh, Kay!, 1926
Delishious (Ira Gershwin) aus: Delicious, 1931 (Film)
The Dimple on My Knee (Ira Gershwin) aus: Of Thee I Sing, 1931
Dixie Rose (Irving Caesar, B. G. DeSylva) aus: Sinbad, 1918
Do, Do, Do (Ira Gershwin) aus: Oh, Kay!, 1918
Do It Again (B. G. DeSylva) aus: The French Doll, 1922
Do What You Do! (Ira Gershwin, Gus Kahn) aus: Show Girl, 1929
Don't Ask (Ira Gershwin) aus: Oh, Kay!, 1926
Double Dummy Drill (Ira Gershwin) aus: Let 'Em Eat Cake, 1933
Doubting Thomas (Albert Stillman), 1936
Doughnuts (B. G. DeSylva, John Henry Mears) aus: Morris Gest Midnight Whirl,
    1919

Down With Everything That's Up (Ira Gershwin) aus: Let 'Em Eat Cake, 1933

The Dresden Northwest Mounted (Ira Gershwin) aus: Pardon My English, 1933

Drifting Along with the Tide (Arthur Jackson) aus: George White's Scandals of 1921, 1921

Embraceable You (Ira Gershwin) aus: Girl Crazy, 1930

The End of a String (Ira Gershwin) aus: Lady, Be Good!, 1924

Evening Star (Ira Gershwin) aus: Lady, Be Good!, 1924 (nicht verwendet)

Everybody Swat the Profiteer (Arthur Jackson) aus: George White's Scandals of 1920, 1920

Ev'rybody Knows I Love Somebody (Ira Gershwin) aus: Rosalie, 1928

Far Away (Otto Harbach, Oscar Hammerstein II) aus: Song of the Flame, Musik: George Gershwin, Herbert Strothart, 1925

Fascinating Rhythm (Ira Gershwin) aus: Lady, Be Good!, 1924

Fatherland (Ira Gershwin) aus: Pardon My English, 1933 (nicht verwendet)

Feeling I'm Falling (Ira Gershwin) aus: Treasure Girl, 1928

Feeling Sentimental (Gus Kahn, Ira Gershwin) aus: Show Girl, 1929 (nicht verwendet)

Fidgety Feet (Ira Gershwin) aus: Oh, Kay!, 1926

The Finest of the Finest (Ira Gershwin) aus: Funny Face, 1927

First Lady and First Gent (Ira Gershwin) aus: Let' Em Eat Cake, 1933 (nicht verwendet)

First There Was Fletcher (Ira Gershwin) aus: Strike Up the Band – 2. Fassung, 1930

The Flapper (B. G. DeSylva) aus: Spice of 1922, 1922

Fletcher's American Cheese Choral Society (Ira Gershwin) aus: Strike Up the Band – 1. Fassung, 1927

Fletcher's American Chocolate Choral Society Workers (Ira Gershwin) aus: Strike Up the Band – 2. Fassung, 1930

Follow the Drum (Ira Gershwin) aus: Rosalie, 1928 (nicht verwendet)

Follow the Minstrel Band (Ira Gershwin, Gus Kahn) aus: Show Girl, 1928

Four Little Sirens (Ira Gershwin) aus: Primrose, 1924

Freud and Jung and Adler (Ira Gershwin) aus: Pardon My English, 1933 (nicht verwendet)

From Now On (Arthur Jackson, B. G. DeSylva) aus: La-La-Lucille!, 1919

Funny Face (Ira Gershwin) aus: Funny Face, 1927

Futuristic Melody (E. Ray Goetz) aus: Selwyn's Snapshots of 1921

The Gambler of the West (Ira Gershwin) aus: Girl Crazy, 1930 (nicht verwendet)

Garçon, S'il Vous Plaît (Ira Gershwin) aus: Of Thee I Sing, 1931

Gather Ye Rosebuds (Ira Gershwin) aus: Tip-Toes, 1925 (nicht verwendet)

The Girl I Love (Ira Gershwin) aus: Strike Up the Band – 1. Fassung, 1927

Gol-Durn! (Brian Hooker) Musik mit William Daly, aus: Our Nell, 1922

Goldfarb! That's I'm! (Ira Gershwin) aus: Girl Crazy, 1930

Good-bye to the Old Love (Ira Gershwin) aus: Treasure Girl, 1928 (nicht verwendet)

Good-Night, My Dear (Clifford Grey) aus: The Rainbow Revue, 1923

Got a Rainbow (Ira Gershwin) aus: Treasure Girl, 1928

Great Little Tune (Irving Caesar), 1916

Guess Who (Ira Gershwin) aus: Oh, Kay!, 1926 (nicht verwendet; dieselbe Melodie wie Don't Ask)

Hail the Happy Couple (Ira Gershwin) aus: Pardon My English, 1933

The Half of It, Dearie, Blues (Ira Gershwin) aus: Lady, Be Good!, 1924

Hang on to Me (Ira Gershwin) aus: Lady, Be Good!, 1924

Hangin' Around with You (Ira Gershwin) aus: Strike Up the Band – 2. Fassung, 1930

Hanging Throttlebottom in the Morning (Ira Gershwin) aus: Let 'Em Eat Cake, 1933

Happy Birthday (Ira Gershwin, Gus Kahn) aus: Show Girl, 1929

Harbour of Dreams (Ira Gershwin) aus: Tip-Toes, 1925

Harlem River Chanty (Ira Gershwin) aus: Tip-Toes, 1925 (nicht verwendet)

Harlem Serenade (Ira Gershwin, Gus Kahn) aus: Show Girl, 1929

Heaven on Earth (Ira Gershwin, Howard Dietz) aus: Oh, Kay!, 1926

He Knows Milk (Ira Gershwin) aus: Strike Up the Band – 2. Fassung, 1930

He Loves and She Loves (Ira Gershwin) aus: Funny Face, 1927

Hello, Good Morning (Ira Gershwin) aus: Of Thee I Sing, 1931

The He-Man (B. G. DeSylva, Ira Gershwin) aus: Tell Me More, 1925 (nicht verwendet)

He's not Himself (Ira Gershwin) aus: Pardon My English, 1933

Here's a Kiss for Cinderella (Ira Gershwin) aus: Of Thee I Sing, 1931

Hey, Hey, Let 'Er Go (B. G. DeSylva) aus: Sweet Little Devil, 1924

High Hat (Ira Gershwin) aus: Funny Face, 1927

Hi-Ho! (Ira Gershwin) aus: Shall We Dance, 1937 (Film)

Home Blues (Ira Gershwin, Gus Kahn) aus: Show Girl, 1929

Home Lovin' Gal (Ira Gershwin) aus: Show Girl, 1929 (nicht verwendet)

Home Lovin' Man (Ira Gershwin) aus: Show Girl, 1929 (nicht verwendet)

Homeward Bound (Ira Gershwin) aus: Strike Up the Band – 1. Fassung, 1927

Hong-Kong aus: Half-Past-Eight, 1918

Hooray for the U.S.A. (B. G. DeSylva) aus: Sweet Little Devil, 1924

Hoping That Someday You'll Care (Ira Gershwin) aus: Strike Up the Band – 1. Fassung, 1927

How About a Boy Like Me? (Ira Gershwin) aus: Strike Up the Band – 2. Fassung, 1930

How About a Man Like Me? (Ira Gershwin) aus: Strike Up the Band – 1. Fassung, 1927

How Can I Win You Now? (B. G. DeSylva, Ira Gershwin) aus: Tell Me More, 1925

How Could I Forget (Ira Gershwin, Gus Kahn) aus: Show Girl, 1929

How Long Has This Been Going On? (Ira Gershwin) aus: Funny Face, 1927 (nicht verwendet)

How Long Has This Been Going On? (Ira Gershwin) aus: Rosalie, 1928

How've-You-Been (B. G. DeSylva) aus: George White's Scandals of 1923, 1923

I Can't Be Bothered Now (Ira Gershwin) aus: A Damsel in Distress, 1937 (Film)

I Can't Tell Where They're From When They Dance (E. Ray Goetz, B. G. DeSylva) aus: George White's Scandals of 1922, 1922

I Don't Think I'll Fall in Love Today (Ira Gershwin) aus: Treasure Girl, 1928

I Forgot What I Startet to Say (Ira Gershwin) aus: Rosalie, 1928 (nicht verwendet)

I Found a Four Leaf Clover (B. G. DeSylva) aus: George White's Scandals of 1922, 1922

I Got Rhythm (Ira Gershwin) aus: Girl Crazy, 1930

I Just Looked at You (Gus Kahn, Ira Gershwin) aus: Show Girl, 1929 (nicht verwendet)

I Know a Foul Ball (Ira Gershwin) aus: Let 'Em Eat Cake, 1933

I Love You (Arthur Jackson) aus: George White's Scandals of 1921, 1921

I Love You, My Darling (B. G. DeSylva) aus: George White's Scandals of 1924, 1924

I Love to Rhyme (Ira Gershwin) aus: The Goldwyn Follies, 1938 (Film)

I Make Hay When the Moon Shines (Desmond Carter) aus: Primrose, 1924

I Mean to Say (Ira Gershwin) aus: Strike Up the Band – 2. Fassung, 1930

I Must Be Home by Twelve O'Clock (Ira Gershwin, Gus Kahn) aus: Show Girl, 1929

I Need a Garden (B. G. DeSylva) aus: George White's Scandals of 1924, 1924

I Want to Be a War Bride (Ira Gershwin) aus: Strike Up the Band – 2. Fassung, 1930

I Want to Marry a Marionette (Ira Gershwin) aus: Treasure Girl, 1928 (nicht verwendet)

I Was Doing All Right (Ira Gershwin) aus: The Goldwyn Follies, 1938 (Film)

I Was so Young (Irving Caesar, Al Bryan) aus: Good Morning Judge, 1919

I Was the Most Beautiful Blossom (Ira Gershwin) aus: Of Thee I Sing, 1931

I Won't Say I Will (B. G. DeSylva, Arthur Francis) aus: Little Miss Bluebird, 1923

I'd Rather Charleston (Desmond Carter) aus: Lady, Be Good!, London 1926

Idle Dreams (Arthur Jackson) aus: George White's Scandals of 1920, 1920

If I Became the President (Ira Gershwin) aus: Strike Up the Band – 2. Fassung, 1930

If You Will Take Our Tip (Ira Gershwin) aus: Funny Face, 1927

I'll Build a Stairway to Paradise (B. G. DeSylva, Arthur Francis) aus: George White's Scandals of 1922, 1922

The Illegitimate Daughter (Ira Gershwin) aus: Of Thee I Sing, 1931

I'm About to Be a Mother (Ira Gershwin) aus: Of Thee I Sing, 1931

I'm Going Back (B. G. DeSylva) aus: George White's Scandals of 1924, 1924

I'm Just a Bundle of Sunshine (Gus Kahn, Ira Gershwin) aus: Show Girl, 1929 (nicht verwendet)

I'm Out for No Good Reason To-night (Gus Kahn, Ira Gershwin) aus: Show Girl, 1929 (nicht verwendet)

I'm Something on Avenue A (B. G. DeSylva, Ira Gershwin) aus: Tell Me More, 1925 (nicht verwendet)

In Sardinia (B. G. DeSylva, Ira Gershwin) aus: Tell Me More, 1925

In The Heart of a Geisha (Fred Fisher), 1921

In the Mandarin's Orchid Garden (Ira Gershwin) aus: Show Girl, 1929 (nicht verwendet)

In The Rain (Clifford Grey, Brian Hooker) Musik mit William Daly, aus: The Rainbow Revue, 1923

In the Rattle of the Battle (Ira Gershwin) aus: Strike Up the Band – 2. Fassung, 1930

In the Swim (Ira Gershwin) aus: Funny Face, 1927 (nicht verwendet)

Innocent Ingenue Baby (Brian Hooker), Musik mit William Daly, aus: Our Nell, 1922

Innocent Lonesome Blue Baby (Clifford Grey) aus: The Rainbow Revue, 1923

Isn't It a Pity? (Ira Gershwin) aus: Pardon My English, 1933

Isn't It Terrible What They Did to Mary Queen of Scots? (Desmond Carter) aus: Primrose, 1924

Isn't It Wonderful (Ira Gershwin, Desmond Carter) aus: Primrose, 1924

It Is the Forteenth of July (Desmond Carter) aus: Primrose, 1924

It's a Great Little World! (Ira Gershwin) aus: Tip-Toes, 1925 (nicht verwendet)

It's Great to Be in Love (Arthur Jackson, B. G. DeSylva) aus: La-La-Lucille!, 1919

It's Hard to Tell (Arthur B. Jackson, B. G. DeSylva) aus: La-La-Lucille!, 1919

I've Got a Crush on You (Ira Gershwin) aus: Strike Up the Band – 2. Fassung, 1930

I've Got a Crush on You (Ira Gershwin) aus: Treasure Girl, 1928

(I've Got) Beginner's Luck (Ira Gershwin) aus: Shall We Dance, 1937 (Film)

I've Got to Be There (Ira Gershwin) aus: Pardon My English, 1933

The Jijibo (B. G. DeSylva) aus: Sweet Little Devil, 1924

Jilted (Ira Gershwin) aus: Of Thee I Sing, 1939

The Jolly Tarr and the Milk Maid (Ira Gershwin) aus: A Damsel In Distress, 1937 (Film)

Juanita (Ira Gershwin) aus: Lady, Be Good!, 1924

Just Another Rhumba (Ira Gershwin) aus: The Goldwyn Follies, 1938 (Film)

Just a Tiny Cup of Tea (E. Ray Goetz, B. G. DeSylva) aus: George White's Scandals of 1922, 1922

Just Missed the Opening Chorus (B. G. DeSylva) aus: George White's Scandals of 1924, 1924

Just Supposing (B. G. DeSylva) aus: Swett Little Devil, 1924

Just to Know You Are Mine (Arthur Francis) aus: A Dangerous Maid, 1921

Katinka (B. G. DeSylva, E. Ray Goetz, Ballard MacDonald) aus: George White's Scandals of 1923, 1923

Katinkitschka (Ira Gershwin) aus: Delicious, 1931 (Film)

Kickin' the Clouds Away (B. G. DeSylva, Ira Gershwin) aus: Tell Me More, 1925

King of Swing (Albert Stillman), 1936

Kisses (Arthur Jackson, B. G. DeSylva) aus: La-La-Lucille!, 1919 (nicht verwendet)

Kongo Kate (B. G. DeSylva) aus: George White's Scandals of 1924, 1924

K-ra-zy for You (Ira Gershwin) aus: Treasure Girl, 1928

Lady Luck (Ira Gershwin) aus: Tip-Toes, 125

Laddie Daddy (Ira Gershwin) aus: Lady, Be Good!, 1924 (nicht verwendet)

Land of The Gay Caballero (Ira Gershwin) aus: Girl Crazy, 1930

Laugh Your Cares Away (B. G. DeSylva, E. Ray Goetz, Ballard MacDonald) aus: George White's Scandals of 1923, 1923

The League of Nations (B. G. DeSylva, John Henry Mears) aus: Morris Gest Midnight Whirl, 1919

Leaving Town While We May (Desmond Carter) aus: Primrose, 1924

Let Cutie Cut Your Cuticle (B. G. DeSylva, John Henry Mears) aus: Morris Gest Midnight Whirl, 1919

Let 'Em Eat Cake (Ira Gershwin) aus: Let 'Em Eat Cake, 1933

Let 'Em Eat Caviar (Ira Gershwin) aus: Let 'Em Eat Cake, 1933

Let Me Be a Friend To You (Ira Gershwin) aus: Rosalie, 1928

Let's Be Lonesome Together (B. G. DeSylva, E. Ray Goetz) aus: George White's Scandals of 1923, 1923

Let's Call the Whole Thing Off (Ira Gershwin) aus: Shall We Dance, 1937 (Film)
Let's Kiss and Make Up (Ira Gershwin) aus: Funny Face, 1927
The Life of a Rose (B. G. DeSylva) aus: George White's Scandals of 1923, 1923
Life's Too Short to Be Blue (Ira Gershwin) aus: Tip-Toes, 1925 (nicht verwendet)
Limehouse Nights (B. G. DeSylva, John Henry Mears) aus: Morris Gest Midnight Whirl, 1919
Linger in the Lobby (Ira Gershwin) aus: Lady, Be Good!, 1924
Little Jazz Bird (Ira Gershwin) aus: Lady, Be Good!, 1924
Little Scandal Dolls (B. G. DeSylva, E. Ray Goetz, Ballard MacDonald) aus: George White's Scandals of 1923, 1923
Little Villages (Brian Hooker), Musik mit William Paly, aus: Our Nell, 1922
Liza (Ira Gershwin, Gus Kahn) aus: Show Girl, 1929
Lo-La-Lo (B. G. DeSylva) aus: George White's Scandals of 1923, 1923
Lolita (Ira Gershwin, Gus Kahn) aus: Show Girl, 1929
The Lonesome Cowboy (Ira Gershwin) aus: Girl Crazy, 1930
Look in the Looking Glass (B. G. DeSylva, E. Ray Goetz, Ballard MacDonald) aus: George White's Scandals of 1923, 1923
Looking for a Boy (Ira Gershwin) aus: Tip-Toes, 1925
Lorelei (Ira Gershwin) aus: Pardon My English, 1933
Love, I Never Knew (Desmond Carter) aus: Tell Me More, 1925 (verwendet in London)
Love is Here to Stay (Ira Gershwin) aus: The Goldwyn Follies, 1938 (Film)
Love is in the Air (B. G. DeSylva, Ira Gershwin) aus: Tell Me More, 1925
Love is Sweeping the Country (Ira Gershwin) aus: Of Thee I Sing, 1931
The Love of a Wife (Arthur Jackson, B. G. DeSylva) aus: La-La-Lucille!, 1919 (nicht verwendet)
Love Walked In (Ira Gershwin) aus: The Goldwyn Follies, 1938 (Film)
Lovers of Art (B. G. DeSylva) aus: George White's Scandals of 1924, 1924
Luckiest Man in the World (Ira Gershwin) aus: Pardon My English, 1933
Lu Lu (Arthur Jackson) aus: Broadway Brevities of 1920, 1920

Mademoiselle in New Rochelle (Ira Gershwin) aus: Strike Up the Band – 2. Fassung, 1930
Madrigal (Brian Hooker), Musik mit William Daly, aus: Our Nell, 1922
Mah-Jongg (B. G. DeSylva) aus: George White's Scandals of 1924, 1924
Mah-Jongg (G. B. De Sylva) aus: Sweet Little Devil, 1924
Making of a Girl (Harold Atteridge) aus: The Passing Show of 1916, Musik: Sigmund Romberg, George Gershwin, 1916
Manhattan Rhapsody (Ira Gershwin) aus: Delicious, 1931 (Film)
The Man I Love (Ira Gershwin) aus: Strike Up the Band – 1. Fassung, 1927
The Man I Love (Ira Gershwin) aus: Rosalie, 1928 (nicht verwendet)
The Man I Love (Ira Gershwin) aus: Lady, Be Good!, 1924 (nicht verwendet)
The Matrimonial Handicap (B. G. DeSylva) aus: Sweet Little Devil, 1924
Maybe (Ira Gershwin) aus: Oh, Kay!, 1926
Meadow Serenade (Ira Gershwin) aus: Strike Up the Band – 1. Fassung, 1927
Midnight Bells (Otto Harbach, Oscar Hammerstein II) aus: Song of the Flame, 1925
Military Dancing Drill (Ira Gershwin) aus: Strike Up the Band – 1. Fassung, 1927
Military Dancing Drill (Ira Gershwin) aus: Strike Up the Band – 2. Fassung, 1930
Mine (Ira Gershwin) aus: Let 'Em Eat Cake, 1933
Minstrel Show (Gus Kahn, Ira Gershwin) aus: Show Girl, 1929 (nicht verwendet)

Mischa, Yascha, Toscha, Sascha (Ira Gershwin) aus: Delicious, 1931 (Film) (nicht verwendet)

Money, Money, Money (Arthur Jackson, B. G. DeSylva) aus: La-La-Lucille!, 1919 (nicht verwendet)

The Moon Is on the Sea (Ira Gershwin) aus: Oh, Kay!, 1926 (nicht verwendet)

Moonlight in Versailles (Clifford Grey) aus: The Rainbow Revue, 1923

The Mophams (Desmond Carter) aus: Primrose, 1924

Mother Eve (Arthur Jackson) aus: George White's Scandals of 1921, 1921

Mother of the Band (Ira Gershwin) aus: Pardon My English, 1933 (nicht verwendet)

Mr. and Mrs. Sipkin (B. G. DeSylva, Ira Gershwin) aus: Tell Me More, 1925

Murderous Monty (and Light-Fingered Jane) (Desmond Carter) aus: Tell Me More, 1925 (verwendet in London)

My Cousin in Milwaukee (Ira Gershwin) aus: Pardon My English, 1933

My Fair Lady (B. G. DeSylva, Ira Gershwin) aus: Tell Me More, 1925

My Lady (Arthur Jackson) aus: George White's Scandals of 1920, 1920

My Little Ducky (B. G. DeSylva) aus: Sweet Little Devil, 1924 (nicht verwendet)

My Log Cabin Home (Irving Caesar, B. G. DeSylva) aus: The Perfect Fool, 1921

My Old Love Is My New Love (Arthur Jackson) aus: George White's Scandals of 1920, 1920 (nicht verwendet)

My Old New England (Brian Hooker) aus: Our Nell, 1922

My One and Only (Ira Gershwin) aus: Funny Face, 1927

My Runaway Girl (Murray Roth) aus: The Passing Show of 1916, 1916 (nicht verwendet)

My Sunday Fella (Ira Gershwin, Gus Kahn) aus: Show Girl, 1929

Names I Love to Hear (Brian Hooker), Musik mit William Daly, aus: Our Nell, 1922

Nashville Nightingale (Irving Caesar) aus: Nifties, 1923

Naughty Baby (Ira Gershwin, Desmond Carter) aus: Primrose, 1924

Never Was There a Girl So Fair (Ira Gershwin) aus: Of Thee I Sing, 1931

New York Serenade (Ira Gershwin) aus: Rosalie, 1928

Nice Baby! Come to Papa (Ira Gershwin) aus: Tip-Toes, 1925

Nice Work If You Can Get It (Ira Gershwin) aus: A Damsel in Distress, 1937 (Film)

Nightie-Night (Ira Gershwin) aus: Tip-Toes, 1925

Night Time in Araby (B. G. DeSylva) aus: George White's Scandals of 1924, 1924

No Better Way to Start a Case (Ira Gershwin) aus: Let 'Em Eat Cake, 1933

No Comprenez, No Capish, No Versteh! (Ira Gershwin) aus: Let 'Em Eat Cake, 1933

No One Else But That Girl of Mine (Irving Caesar) aus: The Perfect Fool, 1921

Nobody But You (Arthur Jackson, B. G. DeSylva) aus: La-La-Lucille!, 1919

Of Thee I Sing (Ira Gershwin) aus: Of Thee I Sing, 1931

Oh Gee! Oh Joy! (Ira Gershwin, P. G. Woodhouse) aus: Rosalie, 1928

Oh, Kay! (Ira Gershwin, Howard Dietz) aus: Oh, Kay!, 1926

Oh, Lady Be Good! (Ira Gershwin) aus: Lady, Be Good!, 1924

Oh! Nina (Clifford Grey) aus: The Rainbow Revue, 1923

Oh, So Nice (Ira Gershwin) aus: Treasure Girl, 1928

Oh, What She Hangs Out (B. G. DeSylva) aus: George White's Scandals of 1922, 1922

Oh, You Lady! (Brian Hooker), Musik mit William Daly, aus: Our Nell, 1922

O Land of Mine, America (Michael E. O'Rourke) aus: Good Morning Judge, 1919

O, This Is Such a Lovely War (Ira Gershwin) aus: Strike Up the Band – 1. Fassung, 1927

Once (B. G. DeSylva, Ira Gershwin) aus: Tell Me More, 1925 (nicht verwendet)

Once (Ira Gershwin) aus: Funny Face, 1927

One Man (Ira Gershwin, Gus Kahn) aus: Show Girl, 1929

On an On an On (Ira Gershwin) aus: Let 'Em Eat Cake, 1933

On My Mind The Whole Night Long (Arthur Jackson) aus: George White's Scandals of 1920, 1920

On That Matter No One Budges (Ira Gershwin) aus: Of Thee I Sing, 1931

On The Brim of Her Old Fashioned Bonnet (E. Ray Goetz) aus: Piccadilly To Broadway, 1920

Oo, How I Loved To Be Loved By You (Lou Paley) aus: Ed Wynn's Carnival, 1920

Our Little Captain (Ira Gershwin) aus: Tip-Toes, 1925

Our Little Kitchenette (Arthur Jackson, B. G. DeSylva) aus: La-La-Lucille!, 1919 (nicht verwendet)

Oyez, Oyez, Oyez (Ira Gershwin) aus: Let 'Em Eat Cake, 1933

Pardon My English (Ira Gershwin) aus: Pardon My English, 1933

Patriotic Rally (Ira Gershwin) aus: Strike Up the Band – 1. Fassung, 1927

Pay Some Attention To Me (Ira Gershwin) aus: A Damsel in Distress, 1937 (Film)

Pepita (B. G. DeSylva) aus: Sweet Little Devil, 1924

Place in the Country (Ira Gershwin) aus: Treasure Girl, 1928

The Poetry of Motion (B. G. DeSylva, Ira Gershwin) aus: Tell Me More, 1925

Poppyland (B. G. DeSylva, John Henry Mears) aus: Morris Gest Midnight Whirl, 1919

Posterity Is Just Around the Corner (Ira Gershwin) aus: Of Thee I Sing, 1931

Poor Michael! Pour Golo! (Ira Gershwin) aus: Pardon My English, 1933 (nicht verwendet)

Put Me To The Test (Ira Gershwin) aus: A Damsel in Distress, 1937 (Film)

Quite a Party (B. G. DeSylva) aus: Sweet Little Devil, 1924

Ragging the Traumerei (Leonard Praskins), 1913

Rainy Afternoon Girls (Ira Gershwin) aus: Lady, Be Good!, 1924 (nicht verwendet)

The Real American Folk Song (Arthur Francis) aus: Ladies First, 1918

Ring a Ding a Ding Dong Bell (Ira Gershwin) aus: Strike Up the Band – 2. Fassung, 1930

The Robinson Hotel (Ira Gershwin) aus: Lady, Be Good!, 1924

Rosalie (Ira Gershwin) aus: Rosalie, 1928 (nicht verwendet)

Rose of Madrid (B. G. DeSylva) aus: George White's Scandals of 1924, 1924

Roses of France (Desmond Carter) aus: Primrose, 1924

Sam and Delilah (Ira Gershwin) aus: Girl Crazy, 1930

Say So (Ira Gershwin, P. G. Woodhouse) aus: Rosalie, 1928

Scandal Walk (Arthur Jackson) aus: George White's Scandals of 1920, 1920

Seeing Dickie Home (Ira Gershwin) aus: Lady, Be Good!, 1924

The Senatorial Roll Call (Ira Gershwin) aus: Of Thee I Sing, 1931

Seventeen and Twenty-One (Ira Gershwin) aus: Strike Up the Band – 1. Fassung, 1927

Shall We Dance (Ira Gershwin) aus: Shall We Dance, 1937 (Film)
She's Just a Baby (Arthur Jackson) aus: George White's Scandals of 1921, 1921
Shirts by the Millions (Ira Gershwin) aus: Let 'Em Eat Cake, 1933
Shop Girls and Mannikins (B. G. DeSylva, Ira Gershwin) aus: Tell Me More, 1925 (nicht verwendet)
Show Me the Town (Ira Gershwin) aus: Oh, Kay!, 1926 (nicht verwendet)
Show Me the Town (Ira Gershwin) aus: Rosalie, 1928
The Signal (Otto Harbach, Oscar Hammerstein II) aus: Song of the Flame, Musik: George Gershwin und Herbert Strothart, 1925
The Simple Life (Arthur Francis) aus: A Dangerous Maid, 1921
Since I Found You (Leonard Praskins), 1913
Sing a Little Song (Ira Gershwin) aus: Funny Face, 1927
Sing of Spring (Ira Gershwin) aus: A Damsel in Distress, 1937 (Film)
Singing Pete (Ira Gershwin) aus: Lady, Be Good!, 1924 (nicht verwendet)
The Sirens (Arthur Francis) aus: A Dangerous Maid, 1921 (nicht verwendet)
Skull and Bones (Ira Gershwin) aus: Treasure Girl, 1928
Slap That Bass (Ira Gershwin) aus: Shall We Dance, 1937 (Film)
Snow Flakes (Arthur Jackson) aus: Broadways Brevities of 1920, 1920
So Am I (Ira Gershwin) aus: Lady, Be Good!, 1924
So Are You! (Ira Gershwin, Gus Kahn) aus: Show Girl, 1929
So What? (Ira Gershwin) aus: Pardon My English, 1933
Some Fare-Away Someone (Ira Gershwin, B. G. DeSylva) aus: Primrose, 1924
Some Girls Can Bake a Pie (Ira Gershwin) aus: Of Thee I Sing, 1931
Some Rain Must Fall (Arthur Francis) aus: A Dangerous Maid, 1921
Some Wonderful Sort of Someone (Schuyler Green) aus: The Lady in Red, 1919
Some Wonderful Sort of Someone (Schuyler Green) aus: Ladies First, 1919
Somebody from Somewhere (Ira Gershwin) aus: Delicious, 1931 (Film)
Somebody Loves Me (B. G. DeSylva, Ballard MacDonald) aus: George White's Scandals of 1924, 1924
Somebody Stole My Heart Away (Gus Kahn, Ira Gershwin) aus: Show Girl, 1929 (nicht verwendet)
Somehow It Selden Comes True (Arthur Jackson, B. G. DeSylva) aus: La-La-Lucille!, 1919
Someone (Arthur Francis) aus: For Goodness Sake, 1922
Someone Believes in You (B. G. DeSylva) aus: Sweet Little Devil, 1924
Someone's Always Calling a Rehearsel (Gus Kahn, Ira Gershwin) aus: Show Girl, 1929 (nicht verwendet)
Someone to Watch Over Me (Ira Gershwin) aus: Oh, Kay!, 1926
Something About Love (Lou Paley) aus: The Lady in Red, 1919
Something About Love (Lou Paley) aus: Lady, Be Good!, London 1926
Something Peculiar (Lou Paley) aus: Girl Crazy, 1930 (nicht verwendet)
Song of the Flame (Otto Harbach, Oscar Hammerstein II) aus: Song of the Flame, 1925, Musik von George Gershwin und Herbert Strothart
The Songs of Lang Ago (Arthur Jackson) aus: George White's Scandals of 1920, 1920
Soon (Ira Gershwin) aus: Strike Up the Band – 2. Fassung, 1930
South Sea Isles (Arthur Jackson) aus: George White's Scandals of 1921, 1921
Spanish Love (Irving Caesar) aus: Broadway Brevities of 1920, 1920
Stepping With Baby (Ira Gershwin) aus: Oh, Kay!, 1926 (nicht verwendet)
Stiff Upper Lip (Ira Gershwin) aus: A Damsel in Distress, 1937 (Film)
Strike, Strike, Strike (B. G. DeSylva) aus: Sweet Little Devil, 1924
Strike Up the Band (Ira Gershwin) aus: Strike Up the Band – 1. Fassung, 1927

Strike Up the Band (Ira Gershwin) aus: Strike Up the Band – 2. Fassung, 1930
Strike Up the Band (Ira Gershwin) for U.C.L.A., 1936
Strut Lady With Me (Clifford Grey) aus: The Rainbow Revue, 1923
The Sun is on the Sea (Ira Gershwin) aus: Oh, Kay!, 1926 (nicht verwendet)
Sunday in London Town (Clifford Grey) aus: The Rainbow Revue, 1923
The Sunshine Trail (Arthur Francis), 1923 (Film)
Swanee (Irving Caesar) aus: Capitol Revue, 1919
Swanee (Irving Caesar) aus: Dere Mable, 1920
Swanee Rose (Irving Caesar, B. G. DeSylva) aus: The Perfect Fool, 1921
Sweet and Low-Down (Ira Gershwin) aus: Tip-Toes, 1925
Sweet Little Devil (B. G. DeSylva) aus: Sweet Little Devil, 1924 (nicht verwendet)
Sweetheart (I'm So Glad That I Met You) (Clifford Grey) aus: The Rainbow Revue, 1923
Swiss Miss (Arthur Jackson, Ira Gershwin) aus: Lady, Be Good!, 1924
's Wonderful (Ira Gershwin) aus: Funny Face, 1927

Tar-Tar (Otto Harbach, Oscar Hammerstein II) aus: Song of the Flame, 1925, Musik von George Gershwin und Herbert Strothart
Tee-Oodle-Um-Bum-Bo (Arthur Jackson, B. G. DeSylva) aus: La-La-Lucille!, 1919
Tell Me More (B. G. DeSylva, Ira Gershwin) aus: Tell Me More, 1925
Tell the Doc (Ira Gershwin) aus: Funny Face, 1927
Ten Commandements of Love aus: Half Past Eight, 1918
Thanks to You (Ira Gershwin) aus: Delicious, 1931 (Film) (nicht verwendet)
That American Boy of Mine (Irving Caesar) aus: The Dancing Girl, 1923
That Certain Feeling (Ira Gershwin) aus: Tip-Toes, 1925
That Lost Barber Shop (Ira Gershwin) aus: Americana, 1926
That New-Fangled Mother of Mine (Desmond Carter) aus: Primrose, 1924
That's What He Did (Ira Gershwin) aus: Let 'Em Eat Cake, 1933
The Ten Commandments of Love (Arthur Jackson, B. G. DeSylva) aus: La-La-Lucille!, 1919
There Is Nothing Too Good for You (B. G. DeSylva, E. Ray Goetz) aus: George White's Scandals of 1923, 1923
There's Magic in the Air (Arthur Francis) aus: Half Past Eight, 1918
There's More to the Kiss than the Sound (Irving Caesar) aus: La-La-Lucille!, 1919
There's More to the Kiss than the X-X-X (Irving Caesar) aus: Good Morning Judge, 1919
These Charming People (Ira Gershwin) aus: Tip-Toes, 1925
They All Laughed (Ira Gershwin) aus: Shall We Dance, 1937 (Film)
They Can't Take That Away from Me (Ira Gershwin) aus: Shall We Dance, 1937 (Film)
Things Are Looking Up (Ira Gershwin) aus: A Damsel in Distress, 1937 (Film)
This Could Go On for Years (Ira Gershwin) aus: Strike Up the Band – 2. Fassung, 1930
This Is The Life For a Man (Desmond Carter) aus: Primrose, 1924
This Particular Party (Ira Gershwin) aus: Treasure Girl, 1928 (nicht verwendet)
Those Eyes (Ira Gershwin) aus: Funny Face, 1927
Three Cheers for the Union (Ira Gershwin) aus: Strike Up the Band – 2. Fassung, 1930
Three Times a Day (B. G. DeSylva, Ira Gershwin) aus: Tell Me More, 1925

Three-Quarter Time (Ira Gershwin) aus: Pardon My English, 1933
Throttle Throttlebottom (Ira Gershwin) aus: Let 'Em Eat Cake, 1933
Throw Her In High (B. G. DeSylva, E. Ray Goetz) aus: George White's Scandals of 1923, 1923
Till I Meet Someone Like You (Desmond Carter) aus: Primrose, 1924
Till Then (Ira Gershwin), 1933
Tip-Toes (Ira Gershwin) aus: Tip-Toes, 1925
Together at Last (Ira Gershwin) aus: Pardon My English, 1933 (nicht verwendet)
Tomale (B. G. DeSylva) aus: The Perfect Fool, 1921
Tonight (Ira Gershwin) aus: Pardon My English, 1933
Tonight's the Night! (Gus Kahn, Ira Gershwin) aus: Show Girl, 1929 (nicht verwendet)
Tra-La-La (Arthur Francis) aus: For Goodness Sake, 1922
Treasure Island (Ira Gershwin) aus: Treasure Girl, 1928 (nicht verwendet)
Treat Me Rough (Ira Gershwin) aus: Girl Crazy, 1930
Trumpeter, Blow Your Golden Horn (Ira Gershwin) aus: Of Thee I Sing, 1931
Tum On and Tiss Me (Arthur Jackson) aus: George White's Scandals of 1920, 1920
Tune In (to Station J-O-Y) (B. G. DeSylva) aus: George White's Scandals of 1924, 1924
Tweeledee for President (Ira Gershwin) aus: Let 'Em Eat Cake, 1933
Two Waltzes in C (Ira Gershwin) aus: Pardon My English, 1933
Typical Self-Made American (Ira Gershwin) aus: Strike Up the Band – 1. Fassung, 1927

Ukulele Lorelei (B. G. DeSylva, Ira Gershwin) aus: Tell Me More, 1925
Under a One-Man Top (B. G. DeSylva) aus: Sweet Little Devil, 1924
The Union League (Ira Gershwin) aus: Let 'Em Eat Cake, 1933
Union Square (Ira Gershwin) aus: Let 'Em Eat Cake, 1933
Unofficial March of General Holmes (Ira Gershwin) aus: Strike Up the Band – 2. Fassung, 1930
The Unofficial Spokesman (Ira Gershwin) aus: Strike Up the Band – 1. Fassung, 1927
The Unofficial Spokesman (Ira Gershwin) aus: Strike Up the Band – 2. Fassung, 1930
Up and at 'Em! (Ira Gershwin) aus: Let 'Em Eat Cake, 1933

Virginia Don't Go Too Far (B. G. DeSylva) aus: Sweet Little Devil, 1924
Vodka (Otto Harbach, Oscar Hammerstein II) aus: Song of the Flame, 1925, Musik von George Gershwin und Herbert Strothart

Wait a Bit, Susie (Ira Gershwin, Desmond Carter) aus: Primrose, 1924
Waiting for the Sun to Come Out (Irving Caesar) aus: The Sweetheart Shop, 1920
Waiting for the Train (Ira Gershwin) aus: Tip-Toes, 1925
Wake Up, Brother, and Dance (Ira Gershwin) aus: Shall We Dance, 1937 (Film)
Walking Home with Angeline (Brian Hooker) aus: Our Nell, 1922
Walking The Dog (instr.) veröffentl. als Promenade, aus: Shall We Dance, 1937 (Film)
Wanting You (Irving Caesar) aus: Blue Eyes, 1921
The War That Ended War (Ira Gershwin) aus: Strike Up the Band – 1. Fassung, 1927
We (Ira Gershwin) aus: Tip-Toes, 1925 (nicht verwendet)
We Go to Church on Sunday (Brian Hooker) aus: Our Nell, 1922

We Specialise in Interview and Crimes (Ira Gershwin) aus: Delicious, 1931 (Film)
We're All A-Worry, All Agog (Ira Gershwin) aus: Funny Face, 1927
We're from the Journal, the Warheit, the Telegram, the Times (Ira Gershwin) aus: Delicious, 1931 (Film)
We're Here Because (Ira Gershwin) aus: Lady, Be Good!, 1924
We're Pals (Irving Caesar) aus: Dere Mabel, 1920
We're Six Little Nieces (Lou Paley), 1917
What Are We Here For? (Ira Gershwin) aus: Treasure Girl, 1928
What Causes That? (Ira Gershwin) aus: Treasure Girl, 1928 (nicht verwendet)
What More Can a General Do? (Ira Gershwin) aus: Let 'Em Eat Cake, 1933
What Sort of a Wedding is This? (Ira Gershwin) aus: Pardon My English, 1933
What's The Use? (Ira Gershwin) aus: Oh, Kay!, 1926 (nicht verwendet)
Wheather Man (Ira Gershwin) aus: Lady, Be Good!, 1924 (nicht verwendet)
When Cadets Parade (Ira Gershwin) aus: Rosalie, 1928 (nicht verwendet)
When Do We Dance? (Ira Gershwin) aus: Tip-Toes, 1925
When It's Cactus Time in Arizona (Ira Gershwin) aus: Girl Crazy, 1930
When Our Ship Comes Sailing In (Ira Gershwin) aus: Oh, Kay!, 1926 (nicht verwendet)
When the Armies Disband (Irving Caesar), 1916
When the Debbies Go By (G. B. DeSylva, Ira Gershwin) aus: Tell Me More, 1925
When Toby Is Out of Town (Desmond Carter) aus: Primrose, 1924
When You Live in a Furnished Flat (Arthur Jackson, B. G. DeSylva) aus: La-La-Lucille!, 1919
When You Smile (Ira Gershwin) aus: Funny Face, 1927 (nicht verwendet)
When You're Single (Ira Gershwin) aus: Funny Face, 1927
When You Want 'Em, You Can't Get 'Em (Murray Roth), 1916
Where East Meets West (Arthur Jackson) aus: George White's Scandals of 1921, 1921
Where Is She? (B. G. DeSylva) aus: George White's Scandals of 1923, 1923
Where Is the Man of My Dreams? (E. Ray Goetz, B. G. DeSylva) aus: George White's Scandals of 1922, 1922
Where You Go I Go (Ira Gershwin) aus: Pardon My English, 1933
Where's The Boy? Here's The Girl! (Ira Gershwin) aus: Treasure Girl, 1928
Who Cares? (Ira Gershwin) aus: Of Thee I Sing, 1931
Who Is the Lucky Girl To Be? (Ira Gershwin) aus: Of Thee I Sing, 1931
Who's the Greatest? (Ira Gershwin) aus: Let 'Em Eat Cake, 1933
Why Do I Love You? (B. G. DeSylva, Ira Gershwin) aus: Tell Me More, 1925
Why Speak of Money? (Ira Gershwin) aus: Let 'Em Eat Cake, 1933
Will You Remember Me? (Ira Gershwin) aus: Lady, Be Good!, 1924 (nicht verwendet)
Wintergreen for President (Ira Gershwin) aus: Of Thee I Sing, 1931
Wintergreen for President (Ira Gershwin) aus: Let 'Em Eat Cake, 1933
The Woman's Touch (Ira Gershwin) aus: Oh, Kay!, 1926
Women's Work Is Never Done (Otto Harbach, Oscar Hammerstein II) aus: Song of the Flame, 1925, Musik von George Gershwin und Herbert Strothart
The World is Mine (Ira Gershwin) aus: Funny Face, 1927

Yan-Kee (Irving Caesar) aus: Dere Mabel, 1920
Yankee Doodle Blues (Irving Caesar, B. G. DeSylva) aus: Spice of 1922, 1922
Yankee Doodle Rhythm (Ira Gershwin) aus: Strike Up the Band – 1. Fassung, 1927
Yankee Doodle Rhythm (Ira Gershwin) aus: Rosalie, 1928 (nicht verwendet)
Year After Year (B. G. DeSylva) aus: George White's Scandals of 1924, 1924

You and I (B. G. DeSylva, E. Ray Goetz, Ballard MacDonald) aus: George White's Scandals of 1923, 1923

You Are You (Otto Harbach, Oscar Hammerstein II) aus: Song of the Flame, 1925, Musik von George Gershwin und Herbert Strothart

You Can't Unscramble Scrambled Eggs (Ira Gershwin) aus: Girl Crazy, 1930 (nicht verwendet)

You Started It (Ira Gershwin) aus: Delicious, 1931 (Film)

You Know How It Is (Ira Gershwin) aus: Rosalie, 1928 (nicht verwendet)

You're Mighty Lucky (B. G. DeSylva) aus: Sweet Little Devil, 1924 (nicht verwendet)

You-oo Just You (Irving Caesar) aus: Hitchy-Koo of 1918, 1918

You've Got What Gets Me (Ira Gershwin), 1932 (für die Film-Version von Girl Crazy)

Namenregister

Die kursiv gesetzten Zahlen bezeichnen die Abbildungen

Über den Autor

Hanspeter Krellmann, geboren 1935 in Würzburg, studierte Musik in Düsseldorf, Musikwissenschaft, Theatergeschichte und Alte Geschichte in Köln. 1966 Promotion zum Dr. phil. Freier Musikschriftsteller und -kritiker. Ab 1976 Chefdramaturg am Staatstheater Darmstadt. Seit 1982 Pressesprecher der Bayerischen Staatsoper in München, ab 1984 Chefdramaturg. Veröffentlichte Darstellungen über Ferruccio Busoni und Anton Webern (rowohlts monographien Nr. 229). Gab Urtextausgaben einiger Kammermusikwerke von Johannes Brahms heraus (München 1971, 1973, 1974) und ein Buch über den Dirigenten Wolfgang Sawallisch (München 1983).

bildmono ro ro ro graphien

C 2055/5

rowohlts bildmonographien

**Thema
Musik**

C 2055/5 a